Psicologia e Pedagogia

O GEN | Grupo Editorial Nacional – maior plataforma editorial brasileira no segmento científico, técnico e profissional – publica conteúdos nas áreas de ciências humanas, exatas, jurídicas, da saúde e sociais aplicadas, além de prover serviços direcionados à educação continuada e à preparação para concursos.

As editoras que integram o GEN, das mais respeitadas no mercado editorial, construíram catálogos inigualáveis, com obras decisivas para a formação acadêmica e o aperfeiçoamento de várias gerações de profissionais e estudantes, tendo se tornado sinônimo de qualidade e seriedade.

A missão do GEN e dos núcleos de conteúdo que o compõem é prover a melhor informação científica e distribuí-la de maneira flexível e conveniente, a preços justos, gerando benefícios e servindo a autores, docentes, livreiros, funcionários, colaboradores e acionistas.

Nosso comportamento ético incondicional e nossa responsabilidade social e ambiental são reforçados pela natureza educacional de nossa atividade e dão sustentabilidade ao crescimento contínuo e à rentabilidade do grupo.

JEAN PIAGET
Psicologia e Pedagogia

A resposta do grande psicólogo aos problemas do ensino

10ª edição revista

■ A EDITORA FORENSE se responsabiliza pelos vícios do produto no que concerne à sua edição, aí compreendidas a impressão e a apresentação, a fim de possibilitar ao consumidor bem manuseá-lo e lê-lo. Os vícios relacionados à atualização da obra, aos conceitos doutrinários, às concepções ideológicas e referências indevidas são de responsabilidade do autor e/ ou atualizador.

As reclamações devem ser feitas até noventa dias a partir da compra e venda com nota fiscal (interpretação do art. 26 da Lei n. 8.078, de 11.09.1990).

■ **Traduzido de**
JEAN PIAGET PSYCHOLOGIE ET PÉDAGOGIE: LA RÉPONSE DU GRAND PSYCHOLOGUE AUX PROBLÈMES DE L'ENSEIGNEMENT
Copyright © 1969, by Éditions Denöel, Paris.
All Rights Reserved.

■ **Psicologia e Pedagogia**
ISBN 978-85-218-0472-7
Direitos exclusivos para o Brasil na língua portuguesa
Copyright © 2013 by
FORENSE UNIVERSITÁRIA um selo da EDITORA FORENSE LTDA.
Uma editora integrante do GEN | Grupo Editorial Nacional
Travessa do Ouvidor, 11 – 6º andar – 20040-040 – Rio de Janeiro – RJ
SAC (11) 5080-0751 | faleconosco@grupogen.com.br
bilacpinto@grupogen.com.br | www.grupogen.com.br

■ O titular cuja obra seja fraudulentamente reproduzida, divulgada ou de qualquer forma utilizada poderá requerer a apreensão dos exemplares reproduzidos ou a suspensão da divulgação, sem prejuízo da indenização cabível (art. 102 da Lei n. 9.610, de 19.02.1998). Quem vender, expuser à venda, ocultar, adquirir, distribuir, tiver em depósito ou utilizar obra ou fonograma reproduzidos com fraude, com a finalidade de vender, obter ganho, vantagem, proveito, lucro direto ou indireto, para si ou para outrem, será solidariamente responsável com o contrafator, nos termos dos artigos precedentes, respondendo como contratatores o importador e o distribuidor em caso de reprodução no exterior (art. 104 da Lei n. 9.610/98).

10ª edição / 4ª impressão brasileira – 2017
Tradução de *Dirceu Accioly Lindoso e Rosa Maria Ribeiro da Silva*

■ CIP – Brasil. Catalogação-na-fonte.
Sindicato Nacional dos Editores de Livros, RJ.

P642p   Piaget, Jean, 1896-1980
10.ed.   Psicologia e pedagogia / Jean Piaget; tradução Dirceu Accioly Lindoso
       e Rosa Maria Ribeiro da Silva – 10. ed. – Rio de Janeiro: Forense
       Universitária, 2017.

       Tradução de: Psychologie et Pédagogie
       ISBN 978-85-218-0472-7

       1. Psicologia educacional. 2. Psicologia genética. I. Título.

10-3613.   CDD 370.15
                                       CDU 37.015.3

ÍNDICE

Palavras Prévias, VII

PRIMEIRA PARTE

Educação e instrução desde 1935

1. A evolução da pedagogia, 3
2. Os progressos da psicologia da criança e do adolescente, 22
3. A evolução de alguns ramos do ensino, 38
4. A evolução dos métodos de ensino, 58
5. As transformações quantitativas e a planificação do ensino, 73
6. As reformas de estrutura, os programas e os problemas de orientação, 86
7. A colaboração internacional em matéria de educação, 103
8. A formação dos professores do primeiro e do segundo grau, 112

SEGUNDA PARTE

Os novos métodos, suas bases psicológicas

1. A gênese dos novos métodos, 125
2. Princípios de educação e dados psicológicos, 136

PALAVRAS PRÉVIAS

O presente volume é composto de dois textos, escritos por Jean Piaget para o tomo XV da *Enciclopédia Francesa*, consagrado à Educação. O mais antigo data de 1935 e constitui a segunda parte da nossa edição. Enfoca as descobertas da psicologia genética, tão pouco conhecidas na época, mostrando suas implicações pedagógicas e determinando sua vinculação com os métodos considerados "ativos", então muito discutidos.

O segundo texto aqui reproduzido data de 1965. Compõe a primeira parte por superar os problemas abordados pelo texto de 1935 em tal medida que, do ponto de vista dos métodos e dos programas, chega a constituir uma discussão, pondo em xeque a nossa atual pedagogia. Coloca, pois, um problema de civilização.

Julgamos de grande importância o acesso do público às duas contribuições de Jean Piaget que, estabelecidas numa sólida base experimental, são a resposta de um grande sábio à crise do ensino, que hoje é universal.

O Editor.

PRIMEIRA PARTE

EDUCAÇÃO E INSTRUÇÃO DESDE 1935

Ao abordar uma tarefa tão temerária como a de querer resumir – e mais ainda, tentar julgar – o desenvolvimento da educação e da instrução no decorrer dos últimos trinta anos, é-se tomado de um verdadeiro terror diante da desproporção que, como em 1935, ainda hoje subsiste entre a extensão dos esforços realizados e a ausência de uma renovação fundamental dos métodos, dos programas, da própria posição dos problemas e, por assim dizer, da pedagogia tomada em seu conjunto como disciplina diretora.

Em 1939, Lucien FEBVRE comentava o choque violento, e mesmo brutal, que se experimenta ao comparar o empirismo da pedagogia com o "realismo são, reto e fecundo" dos estudos psicológicos e sociológicos em que essa pedagogia poderia inspirar-se. E explicava tal desequilíbrio ou carência de coordenação afirmando ser infinita a complexidade da vida social, de que a educação é, ao mesmo tempo, reflexo e instrumento. Sem dúvida isso acontece, mas o problema subsiste e se torna cada dia mais inquietante quando nos conscientizamos de que, apesar de seus preceitos permanecerem inaplicados em numerosos países e ambientes, somos detentores de uma medicina científica, enquanto os ministérios de educação nacional não podem, como os de saúde pública, recorrer a uma disciplina imparcial e objetiva de que a autoridade pudesse impor os princípios e os dados reais, os problemas limitando-se a determinar as melhores aplicações. Em suma, os ministérios da saúde não legislam no domínio do conhecimento médico, porque existe uma ciência da medicina cujas pesquisas são, ao mesmo tempo, autônomas e amplamente encorajadas pelo Estado, e embora os educadores públicos sejam funcionários de um ministério que decide dos princípios e das aplicações, carecem de poder para se apoiarem numa ciência da educação suficientemente elaborada, à altura de responder a inúmeras questões que aparecem todos os dias e para cujas soluções se apela ao empirismo e à tradição.

Traçar o desenvolvimento da educação e da instrução desde 1935 até aos nossos dias é constatar um imenso progresso quantitativo da instrução pública e um determinado número de progressos qualitativos locais, principalmente naqueles pontos em que mais foram favorecidos pelas múltiplas transformações políticas e sociais. Mas a esta altura caberia, de início, já que o esquecimento das questões prévias tornaria falso todo o quadro, indagar por que a ciência da educação tem avançado tão pouco em suas posições, em comparação com as renovações profundas ocorridas na psicologia infantil e na própria sociologia.

1

A EVOLUÇÃO DA PEDAGOGIA

Não se cogita aqui em partir de considerações teóricas, mas dos próprios fatos que, cedo ou tarde, as tornam necessárias. Contrastantes e escolhidas entre muitos outros, três espécies de dados são instrutivos a este respeito.

Ignorância dos resultados

É surpreendente que a primeira constatação a se impor depois de um intervalo de trinta anos seja a ignorância em que nos encontramos no que se refere aos resultados das técnicas educativas. Em 1965 sabemos tanto quanto em 1935 o que permanece dos variados conhecimentos adquiridos nas escolas de primeiro e segundo graus após 5, 10 ou 20 anos de convívio com representantes de diferentes meios da população. Certamente se possuem indicações indiretas, como as fornecidas pelos exames pós-escolares dos conscritos, que se realizam no exército suíço, cuja história admirável nos foi contada por P. BOVET, compreendendo o período que vai de 1875 a 1914; em especial, os exercícios intensivos de repetição, organizados em diversas localidades para encobrir os resultados desastrosos a que chegavam esses exames quando acontecia não serem preparados para um ensino de última hora. Mas nada se conhece de exato sobre o que subsiste, por exemplo, dos ensinamentos de geografia ou história na cabeça de um camponês de 30 anos ou sobre o que um advogado conservou dos conhecimentos de química, de física ou mesmo de geometria adquiridos quando frequentava as aulas do Liceu. Diz-se que o latim (em alguns países o grego) é indispensável à formação de um médico, mas jamais se tentou, para que tal afirmação fosse controlada e para dissociá-la dos fatores da proteção profissional interessada, avaliar o que resta dessa formação no espírito de um prático, estendendo-se a comparação aos médicos japoneses e chineses tanto quanto aos europeus no que se refere ao relacionamento entre o valor médico e os estudos clássicos. Contudo, os economistas que têm colaborado no Plano Geral do Estado francês vêm exigindo que se realizem controles do rendimento dos métodos pedagógicos.

Poder-se-á dizer que a memorização dos conhecimentos não se relaciona com a cultura adquirida – mas, neste caso, como se pode avaliar esta última fora dos juízos particularmente globais e subjetivos? Afinal, a cultura que conta num indivíduo é sempre a que resulta da formação propriamente escolar (uma vez esquecido o detalhe das aquisições no nível do exame final) ou é aquela que a escola logrou desenvolver em virtude de incitações ou de interesses provocados independentemente do que parecia essencial na formação considerada de base? Mesmo a questão central do valor do ensino das línguas mortas, a título de exercício capaz de transferir seus efeitos benfazejos a outros campos de atividade, também permanece tão pouco resolvida pela experiência hoje como há trinta anos atrás, apesar de um certo número de estudos que os ingleses dedicaram a esse problema. O educador continua limitado, no que diz respeito a essa questão, a dar seus conselhos sobre assuntos tão importantes apoiando-se não apenas sobre um saber, mas sobre considerações de bom-senso ou de simples oportunidade, tal como o número de carreiras inacessíveis a quem não passou pelas formalidades prescritas.

Por outro lado, há ensinos obviamente desprovidos de qualquer valor formador e que continuam a impor-se sem se saber ao

PSICOLOGIA E PEDAGOGIA 5

menos se eles chegam a atingir ou não a função utilitária que se objetiva. Por exemplo, admite-se comumente ser necessário, para viver socialmente, conhecer ortografia (sem discutir se neste caso há significação nacional ou meramente tradicionalista de uma tal obrigação). Mas o que se ignora plenamente, e de maneira decisiva, é se o ensino especializado da ortografia favorece essa aprendizagem, se permanece indiferente ou se se torna às vezes nocivo. Certas experiências têm mostrado que os registros automáticos realizados pela memória visual alcançam o mesmo resultado que as lições sistemáticas. Assim é que, em dois grupos de alunos, um dos quais seguiu, e o outro não, o ensino da ortografia, e as notas de ambos foram equivalentes. A experiência tentada deste modo permanece, sem dúvida, insuficiente, por carecer da amplitude e das variações necessárias. Mas é inacreditável que um terreno de tal modo acessível à experimentação, e onde se encontram em conflito os interesses divergentes da gramática tradicional e da linguística contemporânea, a pedagogia não organize experiências contínuas e metódicas, contentando-se apenas em resolver os problemas por meio de opiniões, cujo "bom-senso" encerra realmente mais afetividade do que razões efetivas.

De fato, para se julgar do rendimento dos métodos escolares dispõe-se tão somente dos resultados das provas finais nas escolas e, em parte, de alguns exames de concursos. Ocorre aí, portanto, simultaneamente uma petição de princípio e um círculo vicioso.

Primeiramente, uma petição de princípio em razão de se postular que o êxito nos exames constitui uma prova de aquisição durável, muito embora o problema, de modo algum resolvido, consista, ao contrário, em estabelecer o que permanece, após alguns anos, dos conhecimentos testados graças aos exames em que se teve êxito e, ademais, em que consiste aquilo que subsiste independentemente do detalhe dos conhecimentos esquecidos. Sobre estes dois primeiros aspectos quase nada sabemos até hoje.

Em seguida, um círculo vicioso, o que é bastante grave, por se querer julgar do valor do ensino escolar pelo êxito nas provas finais, embora sabendo que grande parte do trabalho escolar se acha influenciada pela perspectiva dos exames, e que, segundo os espíritos argutos, se encontra gravemente deformada pela dominância de tal preocupação. Daí concluir-se que, apesar da honestidade dos pais e sobretudo dos alunos, e da objetividade científica, a questão prévia de um tal estudo pedagógico de rendimento escolar está em se comparar os resultados de escolas sem exames, onde o valor do aluno é julgado pelos mestres em função do trabalho realizado durante todo o ano escolar, com os das escolas ordinárias, onde a perspectiva dos exames falseia, ao mesmo tempo, o trabalho dos alunos e dos próprios mestres. Neste caso, responder-se-á que os mestres nem sempre são imparciais, e que as possíveis parcialidades locais causarão mais prejuízos do que a parte aleatória e o bloqueio afetivo que intervêm em todos os exames. Uma outra resposta é que os alunos não são cobaias a utilizar em experiências pedagógicas. Mas, por sua vez, as diferentes decisões ou reorganizações administrativas não realizam também experiências? Só que, diferentemente das experiências científicas, aquelas não comportam qualquer controle sistemático. Poder-se-á ainda responder que os exames, por sua vez, podem englobar uma utilidade formadora etc. Mas então é o caso de – sem se levar demasiado em conta as opiniões por mais autorizadas que sejam, isto é, a dos "peritos", visto serem múltiplas e contraditórias – se verificar por meio de experiências objetivas.

Pois, sobre todas essas questões fundamentais e outras mais, a pedagogia experimental – que existe e já forneceu grande número de trabalhos de valor – permanece ainda muda e prova, portanto, a terrível desproporção que continua a subsistir entre a amplitude ou importância dos problemas e os meios que se pode utilizar para resolvê-los. Quando o médico utiliza uma terapêutica, intervém igualmente certa parte de empirismo, e em presença de um caso particular, não se está absolutamente certo se o que levou à cura foram os remédios empregados ou se a *vis medicatrix naturae* agiu por si mesma. Entretanto, existe um acervo considerável de pesquisas farmacológicas e outras mais que, juntando-se ao progresso dos conhecimentos fisiológicos, fornece uma base mais ou menos segura para as intuições clínicas. Como se explica, então, que no

PSICOLOGIA E PEDAGOGIA 7

campo da pedagogia, onde o futuro das gerações ascendentes está em causa num grau pelo menos igual ao existente no campo da saúde, as pesquisas de base permaneçam tão pobres como indicam alguns exemplos menores?

O corpo docente e a pesquisa

Poder-se-ia citar, a partir de 1935 até 1965, em quase todas as disciplinas designadas pelos termos ciências naturais, sociais ou humanas, os nomes de grandes autores, possuidores de reputação mundial, que mais ou menos profundamente renovaram os ramos do saber a que se consagraram. Durante o mesmo período, entretanto, nenhum grande pedagogo apareceu na lista dos homens eminentes que marcaram a história da pedagogia. Isto levanta um problema. Os termos desse problema não são, por sua vez, específicos do período em causa. A primeira constatação que se impõe quando se percorre os índices das histórias da pedagogia, é o número proporcionalmente considerável dos inovadores em pedagogia que não eram educadores profissionais. COMENIUS criou e dirigiu escolas, mas era teólogo e filósofo de formação. ROUSSEAU não dava aulas e, se teve filhos, sabe-se que pouco se ocupou deles. FROEBEL, criador dos jardins de infância e defensor de uma educação sensorial (aliás, bem insuficiente), era químico e filósofo. HERBART era psicólogo e filósofo. Entre os contemporâneos, DEWEY era filósofo, Madame MONTESSORI, DECROLY, CLAPARÈDE eram médicos, e os dois últimos também psicólogos. O mais ilustre, talvez, dos pedagogos que não era senão educador (por sinal, muito moderno), isto é, PESTALOZZI, na realidade não inventou métodos ou processos novos, a não ser o emprego da ardósia e assim mesmo por razões de economia...

Um dos acontecimentos pedagógicos importantes ocorridos entre os anos de 1934 e 1965 é o projeto francês de reformas que deu lugar aos "círculos de orientação" e de "observação". Surgiu dos trabalhos de uma comissão dirigida e inspirada por um físico e um médico-psicólogo: LANGEVIN e WALLON.

Sem dúvida, o mesmo ocorre em outras disciplinas: certas inspirações fundamentais podem ser devidas a homens que não pertenciam à "profissão". Ninguém desconhece o que a medicina deve a PASTEUR, que não era médico. Mas, *grosso modo*, a medicina é obra de médicos, as ciências de engenharia são obras de engenheiros etc. Por que, então, a pedagogia só em ínfima parte é obra de pedagogos? Eis um problema grave e sempre atual. A ausência ou a carência de pesquisas sobre os resultados do ensino, sobre que acabamos de insistir, não passa de um dos aspectos do problema. O problema geral consiste em compreender a razão por que a imensa coorte de educadores, que trabalham no mundo inteiro com tanta dedicação e, na maioria dos casos, competência, não foi capaz de produzir uma elite de pesquisadores que fizessem da pedagogia uma disciplina, ao mesmo tempo científica e viva, como ocorre com todas as disciplinas aplicadas que participam simultaneamente da arte e da ciência.

Estará a razão na natureza da própria pedagogia, visto que suas lacunas são provenientes da impossibilidade de encontrar um equilíbrio estável entre os dados científicos e as aplicações sociais? É o que procuraremos saber mais adiante, à luz da renovação dos problemas entre os anos de 1935 e 1965. Mas responderemos pela negativa. E antes de examinar as questões teóricas, é indispensável conhecer de início a parte dos fatores sociológicos, visto que, tanto aqui como noutros casos, uma ciência só se desenvolve em função das necessidades e das incitações do meio social. Pois, no nosso caso particular, se carece dessas incitações e o meio nem sempre é muito propício.

Um fenômeno cuja gravidade não se pode evitar e que cada vez mais se configura de modo nítido no curso dos últimos anos é o da dificuldade de recrutamento de mestres primários e secundários. A 16ª Conferência Internacional de Instrução Pública, realizada em 1963, colocou em pauta o problema da "luta contra a carência de mestres primários" e logo se constatou a generalidade do problema. Como se sabe, trata-se inicialmente de um problema econômico, e se se pudesse oferecer aos mestres o tratamento que recebem o

PSICOLOGIA E PEDAGOGIA

representante das outras carreiras liberais, então assistiríamos à aceleração do recrutamento. Mas o problema é bem mais amplo e liga-se, de fato, à posição do educador no conjunto da vida social. Eis por que este problema se junta ao nosso problema central da pesquisa em pedagogia.

A verdade é que a profissão de educador, nas nossas sociedades, não atingiu ainda o *status* normal a que tem direito na escala dos valores intelectuais. Um advogado, ainda quando não dotado de talento excepcional, deve a consideração que possui a uma disciplina respeitada e respeitável, o direito, cujo prestígio corresponde a quadros universitários bem definidos. Um médico, mesmo quando não cura sempre, representa uma ciência consagrada, longa e difícil de adquirir. Um engenheiro representa, tal e qual o médico, uma ciência e uma técnica. Um professor universitário representa a ciência que ensina e se esforça para fazer progredir. Entretanto, ao mestre-escola falta um prestígio intelectual equivalente, e isto devido ao concurso extraordinário e muito inquietante das circunstâncias.

A razão geral de tal estado de coisas está, naturalmente, em que o mestre-escola não chega a ser considerado pelos outros – e, o que é pior, nem por ele mesmo – como um especialista, quer do ponto de vista das técnicas, quer do da criação científica. Apenas aparece como um simples transmissor de um saber no nível de cada um. Em outras palavras, conta-se que um bom mestre contribua com o que dele se espera, porquanto possui uma cultura geral elementar e algumas receitas aprendidas, que lhe permitem inculcá-la na mente dos alunos.

Assim, esquece-se simplesmente que o ensino em todas as suas formas abarca três problemas centrais, cuja solução está longe de ser alcançada e dos quais se pode indagar como serão resolvidos senão com a colaboração dos mestres ou de uma parte deles:

1. Qual o objetivo desse ensino? Acumular conhecimentos úteis? (Mas em que sentido são úteis?) Aprender a aprender? Aprender a inovar, a produzir o novo em qualquer campo tanto quanto no saber? Aprender a controlar, a verificar ou simplesmente a repetir? Etc.

10   JEAN PIAGET

2. Escolhidos esses objetivos (por quem ou com o consentimento de quem?), resta ainda determinar quais são os ramos (ou o detalhe dos ramos) necessários, indiferentes ou contraindicados para atingi-los: os da cultura, os do raciocínio e sobretudo (o que não consta de um grande número de programas) os ramos da experimentação, formadores de um espírito de descoberta e de controle ativo?

3. Escolhidos os ramos, resta afinal conhecer suficientemente as leis do desenvolvimento mental para encontrar os métodos mais adequados ao tipo de formação educativa desejada.

Voltaremos, naturalmente, a cada um desses problemas, cuja posição se modificou sensivelmente a partir de 1935, mas a questão atual é a da situação do corpo docente com relação à pesquisa e aos obstáculos sociais que impede os mestres de dedicarem-se à pesquisa de conhecimentos elementares.

O primeiro desses obstáculos é que, ignorando-se a complexidade dos problemas, o público não sabe (e o público acaba por englobar certas autoridades escolares e um número apreciável de mestres) que a pedagogia é, entre outras, uma ciência, e das mais difíceis, devido à complexidade dos fatores em jogo. Embora a medicina aplique a biologia e a fisiologia geral aos problemas da cura das doenças, ela não hesita sobre os objetivos a atingir e utiliza as ciências já avançadas, colaborando ela mesma na edificação das disciplinas intermediárias (fisiologia humana, patologia, farmacodinâmica etc.). Quando a pedagogia procura aplicar os dados da psicologia e da sociologia, encontra-se, ao contrário, em presença de questões enredadas tanto de fins como de meios, nada recebendo das ciências-mãe a não ser modestos socorros, em virtude da falta de progresso suficiente dessas disciplinas, não constituindo sequer um corpo de conhecimentos específicos (uma psicologia pedagógica que não seja simples psicologia infantil aplicada dedutivamente, uma didática experimental etc.).

Em segundo lugar, o mestre-escola deve limitar-se a um programa e aplicar os métodos que lhe são ditados pelo Estado (com exceção de certos países como, em princípio, a Grã-Bretanha), ao passo que o médico, por exemplo, depende muito mais da sua Faculdade

PSICOLOGIA E PEDAGOGIA

e da sua Ordem profissional do que do Ministério da Higiene ou da Saúde Pública. Não resta dúvida que os ministérios de educação são, sobretudo, constituídos por educadores, mas que apenas administram, não lhes restando tempo para se consagrarem à pesquisa.

É notório que frequentemente os ministérios tomam a precaução de fundar e consultar os Institutos de Pesquisas (como as Academias Pedagógicas dos países do Leste, com seus numerosos laboratórios, que a elas apenas pertencem), mas mesmo assim a autonomia intelectual específica do corpo docente permanece, em todos os casos, extremamente reduzida, se comparada com a das demais profissões liberais.

Em terceiro lugar, se se comparam as sociedades pedagógicas com as sociedades médicas ou jurídicas, com as sociedades de engenheiros ou de arquitetos etc. – isto é, a essas diversas sociedades profissionais onde os representantes de uma mesma disciplina, "aplicada" em oposição às ciências consideradas puras, se dedicam a estudos em comum e troca das suas descobertas – não se pode evitar o choque da falta habitual de dinamismo científico dessas corporações de educadores frequentemente especializadas na discussão de problemas exclusivamente sindicais.

Em quarto lugar – e aí está, sem dúvida, o essencial –, há ainda numerosos países onde a preparação de mestres não tem qualquer relação com as faculdades universitárias: só os mestres secundários se formam na universidade, e apenas no que se refere às matérias a ensinar, sendo a preparação pedagógica nula ou reduzida a um *minimum*, enquanto os mestres primários são, em parte, preparados nas Escolas Normais, sem vinculação direta com a pesquisa universitária. Voltaremos às mudanças de ideias e de instituições a propósito dos últimos trinta anos. Aqui importa notar quanto o regime tradicional tem sido funesto à pesquisa pedagógica, deixando que os futuros mestres secundários ignorem suas possibilidades (podendo a pesquisa ser tão fecunda, entre outros, no campo do ensino matemático, físico e linguístico) e contribuindo, deste modo, para fazer do corpo docente primário uma espécie de classe intelectual voltada para si mesma e privada das valorações sociais a que

12 JEAN PIAGET

tem direito, separando-a das correntes científicas e da atmosfera de trabalho experimental que a levaria a vivificar-se ao contato com o ensino universitário. (O problema será abordado no capítulo 8.)

Os institutos de pesquisa

De início, procurou-se o remédio para as diferentes situações que acabamos de descrever (e nisto havia certa razão) na criação de institutos de pesquisa pedagógica, que se multiplicaram no decorrer dos últimos anos. O movimento tornou-se, na verdade, amplo, permitindo que o Bureau Internacional de Educação pudesse realizar uma *enquête* comparativa sobre o assunto e a colocasse em discussão numa das conferências internacionais dedicadas à instrução pública.

Podem-se distinguir três grandes tipos desses institutos: as academias de ciências pedagógicas, que aparecem com destaque nas repúblicas populares do Leste europeu, os institutos de ciências da educação ou departamentos de educação anexos às universidades sob a forma de faculdades, departamentos ou institutos interfaculdades, e os centros, oficiais ou não, de pesquisas independentes das academias e universidades (museus pedagógicos etc.).

As academias pedagógicas constituem um modelo de organização de pesquisas largamente financiadas pelo Estado e com autonomia suficiente dos pesquisadores nos pormenores dos seus trabalhos (apenas sendo obrigados a apresentar os planos de pesquisas para um período de vários anos, o que com frequência revela um aspecto algo artificial quando se pensa nos imprevistos da pesquisa). Nelas é considerável o número de psicólogos infantis que dispõem, cada um deles, de um laboratório e de assistentes, o que leva a uma colaboração bastante estreita no detalhe dos problemas pedagógicos. A título de exemplo, vimos em Moscou os resultados de pesquisas que consistiam em tomar as medidas perceptivas (constantes etc.) nas situações de atividades e de jogo para compará-las com as medidas procedentes de outros contextos, objetivando demonstrar os

PSICOLOGIA E PEDAGOGIA 13

efeitos da ação e dos interesses sobre a própria percepção. A escolha de um tal assunto testemunha, ao mesmo tempo, um cuidado de vinculação com os problemas gerais importantes para a pedagogia e uma certa independência relacionada às aplicações imediatas que limitariam o campo das investigações. Mas acontece que um número ponderável de outras pesquisas incide sobre o próprio detalhe dos problemas do ensino, estando os educadores ao corrente dos resultados obtidos. Os interessados manifestam-se, em geral, satisfeitos com uma tal organização, e os ajustamentos desejados se limitam a dois principais: coordenação entre os trabalhos das academias e universidades, e coordenação entre a prática da pesquisa e a própria formação dos docentes, que permanece confiada aos institutos pedagógicos distintos dos centros de investigações.

O segundo tipo de institutos de pesquisa é o das universidades, onde os professores encarregados de ensinar os diferentes ramos da pedagogia são obrigados, como em todos os domínios, a organizar as pesquisas e a dar os cursos. Algumas universidades, numa tendência que se vem ampliando há já alguns anos, criaram as "Faculdades de Pedagogia" ao lado das de Letras, de Ciências ou Ciências Sociais etc. Mas os inconvenientes já bem conhecidos do regime das faculdades (que tende a compartimentar o saber e a impedir os vínculos interdisciplinares, vitais para o desenvolvimento de certos ramos) são ainda mais flagrantes no campo da educação do que nos demais. Os problemas essenciais da pesquisa pedagógica são, de fato, fecundados em sua vinculação com as outras disciplinas, possibilitando aos pesquisadores sair do isolamento ou mesmo curando-os dos seus sentimentos de inferioridade. Assim é que, quando o Instituto J.-J. Rousseau foi integrado na Universidade de Genebra (em fins de 1948), recusou-se a se constituir em faculdade, como lhe era proposto, preferindo o sistema de um instituto interfaculdades, que depende da Faculdade das Ciências para o ensino da psicologia (a psicologia experimental continua na Faculdade de Ciências e os ramos da psicologia infantil e psicologia aplicada passaram para o Instituto) e da de Letras para o ensino da pedagogia (a cadeira principal permanece na de Letras e as anexas passaram para o Instituto). É possível que esta fórmula de institutos interfaculdades traga algum fruto para outras disciplinas e é digno de nota que ela foi adotada na Universidade de Amsterdã para o conjunto da filosofia.

Outra forma de conexão entre a pesquisa pedagógica e a vida universitária é a que corresponde às organizações anglo-saxônicas, onde a unidade funcional é constituída pelos "Departamentos" mais do que pelas Faculdades. Em tais casos, existe um Departamento de Educação do mesmo nível que o de Psicologia etc., podendo-se citar na Grã-Bretanha e nos Estados Unidos da América numerosos Departamentos de Educação muito ativos e que fornecem ótimas pesquisas. Mas os seus membros reclamam, às vezes, de dois inconvenientes. Um deles é a separação introduzida entre a psicologia e a pedagogia. Frequentemente tal desvantagem é compensada colocando-se a psicologia infantil em pedagogia, ao preço de se separar a psicologia genética da psicologia experimental (o que com frequência tem sido funesto) sem remediar suficientemente o possível isolamento do Departamento de Educação. Outra desvantagem assinalada discretamente é a possibilidade para os matemáticos, físicos e biólogos etc., que têm tido pouco êxito, em cada um dos seus ramos, em encontrar nos Departamentos de Educação um campo propício para o ensino da didática das matemáticas, da física e da biologia, o que não impulsiona sempre a pesquisa em pedagogia...

De um modo geral, as diversas fórmulas de relacionamento da pesquisa pedagógica com as universidades têm-se revelado fecundas, sobretudo na medida em que conseguem com êxito integrar o corpo docente nas estruturas de nível superior, e isto graças aos diversos modos de preparação dos mestres na própria universidade (a que nos referimos no capítulo 8).

Quanto aos centros de pesquisas independentes das academias e das universidades, eles podem ter muita atividade. Uns são oficiais (museus pedagógicos etc.) e têm às vezes mais o apoio dos ministérios do que das universidades. Outros, como nos Estados Unidos da América, dependem de fundações privadas, podendo apresentar por isso uma flexibilidade notável, realizando vários "projetos" re-

PSICOLOGIA E PEDAGOGIA 15

lacionados com o ensino das ciências desde os graus elementares: sob a influência de diversos acontecimentos, a que não é estranho o do Sputnik, chegou-se, por exemplo, a que os físicos de renome se interessassem diretamente pela aquisição de certas vias de pensamento, o que é proveitoso para a pedagogia.

Pedagogia científica e determinação dos objetivos da educação

Cabe à sociedade fixar os objetivos da educação que ela fornece às gerações ascendentes. Aliás, é o que ela faz sempre de modo soberano, e de duas maneiras. Fixa-os inicialmente de uma forma espontânea por meio dos imperativos da linguagem, dos usos, da opinião, da família, das necessidades econômicas etc., isto é, por intermédio das formas múltiplas da ação coletiva através das quais as sociedades se conservam e se transformam, plasmando cada nova geração no molde estático ou imóvel das gerações precedentes. A seguir, fixa-os de maneira reflexiva por meio dos órgãos do Estado ou das instituições particulares, consoante os tipos considerados de educação.

Mas esta determinação dos objetivos da educação não é fruto do azar. Quando ocorre de modo espontâneo, obedece às leis sociológicas passíveis de análise, e este estudo é de natureza a esclarecer as decisões refletidas das autoridades em matéria de educação. Quanto às próprias decisões, não são, em geral, tomadas a não ser quando se tem em vista informações de todos os gêneros, não apenas políticas, mas econômicas, técnicas, morais, intelectuais etc. Essas informações, via de regra, só são recolhidas para as consultas diretas dos interessados. E de fato é indispensável começar por aí quando, por exemplo, se trata de necessidades técnicas e econômicas da sociedade. Neste caso, há interesse na posse de tais estudos objetivos sobre as relações entre a vida social e a educação por parte dos responsáveis pelas diretrizes a serem dadas aos educadores. Por um lado, não é bastante fixar os objetivos para poder atingi-los, porque ainda resta examinar o problema dos meios, o que se refere mais à

16 JEAN PIAGET

psicologia do que à sociologia, embora condicione do mesmo modo a escolha dos objetivos.

Assim é que DURKHEIM simplificou um pouco as coisas ao sustentar que o homem sobre o qual incide a educação é um produto da sociedade e não da natureza, embora a natureza não se submeta à sociedade a não ser sob certas condições, e que, ao conhecer estas últimas, esclarece-as em vez de contrariálas com a escolha dos objetivos sociais. Por outro lado, limitando-se apenas aos objetivos, as diversas finalidades desejadas podem ser mais ou menos compatíveis ou contraditórias entre si. Por exemplo, não é evidente que se possa esperar dos indivíduos a formar que sejam, ao mesmo tempo, construtores e inovadores em certos campos das atividades sociais, onde se tem necessidade de tais qualidades, e de rigorosos conformistas em outros ramos do saber e da ação. Ou a determinação dos objetivos da educação permanece assunto de opiniões "autorizadas" e de empirismo, ou deve ser o objeto de estudos sistemáticos, o que cada vez mais vem sendo aceito no decurso dos últimos anos.

Assim é que se desenvolveu uma sociologia da educação que tem negligenciado um pouco os grandes problemas discutidos pelos fundadores desta disciplina – DURKHEIM e DEWEY –, mas que se especializou no estudo das estruturas concretas. Por exemplo: o estudo da classe escolar como grupo tendo sua dinâmica própria (sociometria, comunicação efetiva entre mestres e discípulos etc.), o estudo do corpo docente como categoria social (recrutamento, estruturas hierárquicas, ideologia etc.) e sobretudo o estudo da população estudantil: a origem social dos alunos segundo os níveis atingidos, os *débouchés*, os pontos de estrangulamento, a "rendição" (*la "relève"*), a mobilidade social nas respectivas educativas etc.

São estes problemas relativos à população estudantil que mais têm chamado a atenção e, na realidade, os mais importantes para julgar os objetivos da instrução. A "economia da educação" começa a ter grandes desenvolvimentos: estudos dos acordos e das discordâncias entre os sistemas educativos e as necessidades econômicas e "sociais" da coletividade, a natureza e magnitude dos recursos postos à disposição da escola, a produtividade do sistema, as rela-

PSICOLOGIA E PEDAGOGIA 17

ções entre a orientação da juventude pela escola e a evolução das formas de atividade econômica etc.

Daí ter o conjunto desses trabalhos um interesse bastante central para a "planificação do ensino", hoje em vigência em quase todos os países, e que consiste em elaborar projetos para os anos futuros. Na verdade, esta planificação está naturalmente ligada à determinação dos objetivos visados, e é essa determinação que poderá esclarecer em diversos graus a sociologia da educação.

Diz-se que, mais diretamente, a planificação e a fixação dos objetivos pedagógicos podem encontrar as informações necessárias nos trabalhos de educação comparada, como os que se têm realizado nos Estados Unidos da América (KANDEL e outros), na Grã-Bretanha (LAUWERYS e outros), e que vêm sendo seguidos no Bureau Internacional de Educação por P. ROSSELLO, apoiando-se nos informes anuais dos ministérios de instrução pública constantes do *Annuaire international de l'Education et de l'Instruction.* Comparando notadamente as indicações quantificáveis, chega-se a discernir certas tendências segundo os crescimentos e diminuições de um ano para outro ou certas correlações em função da interdependência dos problemas. Mas é preciso compreender que a educação comparada só tem futuro se se subordina inelutavelmente à sociologia, isto é, a um estudo detalhado e sistemático do condicionamento social dos sistemas educativos. E que todo estudo quantitativo, em si infinitamente delicado devido à falta de unidades de medida (donde os métodos "ordinais", com todas as precauções que podem ser tomadas a seu respeito), só tem significação ao ser subordinado às análises qualitativas, o que conduz aos grandes problemas que se desejaria evitar.

A pedagogia experimental ou o estudo dos programas e dos métodos

É mais do que evidente que nada se pode dizer de fundamentado sobre o rendimento efetivo nem sobre os múltiplos efeitos imprevisos que os programas e os métodos didáticos impostos pelo Estado ou deixados à iniciativa dos educadores poderiam ter sobre a formação geral dos indivíduos, sem que antes se faça um estudo sistemático que disponha os mais ricos meios de controle já elaborados pela estatística moderna e pelas diversas pesquisas psicossociológicas.

Há várias décadas se constituiu uma disciplina especializada no estudo de tais problemas: a "pedagogia experimental". Em uma obra com o duplo título *Psychologie de l'enfant et pédagogie expérimentale*, desde o início do século conhecida do público através de numerosas edições e inúmeras traduções, CLAPARÈDE mostrava que essa pedagogia experimental não é um ramo da psicologia (exceto por integrar no objeto dessa última todas as atividades dos mestres); e explicava: a pedagogia experimental só incide, realmente, sobre o desenvolvimento e os resultados dos processos propriamente pedagógicos, o que não significa, como vamos ver, que a psicologia não constitua uma referência necessária. O que queremos dizer é que os problemas colocados são outros e consideram menos os caracteres gerais e espontâneos da criança e de sua inteligência do que sua modificação pelo processo em questão.

Por exemplo, é um problema de pedagogia experimental decidir se a melhor maneira de aprender a ler consiste em começar pelas letras, passando em seguida às palavras e finalmente às frases, segundo preceitua o método clássico chamado "analítico", ou se é melhor proceder na ordem inversa, como recomenda o método "global" de DECROLY. Só o estudo paciente, metódico, aplicado aos grupos comparáveis de assuntos em tempo igualmente comparável, neutralizando-se tanto quanto se possa os fatores adventícios (valor dos mestres e preferências por um ou outro método etc.) é capaz de permitir a solução do problema. Excluiu-se, assim, a procura de solução baseada em considerações dedutivas a partir de conhecimentos experimentais fornecidos pela psicologia sobre o papel dos "gestalts" na percepção e sobre o caráter sincrético ou global das percepções infantis. De tais considerações partiu DECROLY para imaginar seu método, o que não quer dizer

PSICOLOGIA E PEDAGOGIA 19

que constitua uma verificação. Outros estudos, embora ainda incompletos sobre o assunto, conduzem ao ponto de vista de que o método global, de rendimento mais rápido, é prejudicial ao conhecimento posterior da ortografia. Isto não passa de uma constatação ocasional e exige novos controles, bastante delicados. Basta pensar em numerosos adultos que, hesitando entre duas ortografias possíveis, escrevem a palavra em causa das duas maneiras, fazendo sua escolha de acordo com a figura obtida – o que consiste em reconhecer a boa ortografia segundo uma configuração global. Outras pesquisas lograram mostrar que os resultados obtidos variam segundo os tipos das crianças e sobretudo os tipos de atividades a que recorreram para nelas associar os exercícios "globais". O que levou, recentemente, um pedagogo, de Sherbrook, no Canadá, a imaginar um método misto, preferentemente global, mas onde as próprias crianças, em comum, constroem frases pelas combinações possíveis realizadas com as palavras apresentadas por cada um dos membros do grupo. Daí uma nova exigência de pesquisas e controles, levando-se em conta essa terceira possibilidade, que deve ser comparada com as demais. Alguns autores têm ultimamente afirmado que o problema continua a ser mal colocado quando se limita aos fatores perceptivos e mnésicos. Para eles, o verdadeiro problema deve ser situado no nível das significações e do jogo das relações entre os sinais e os significados etc. De tal ponto de vista um conjunto de experiências novas se oferece à pedagogia experimental, de forma alguma excluindo o relacionamento necessário com os fatores perceptivos, visto que, se eles não estão sozinhos em jogo, não devem ser, portanto, negligenciados.

Este exemplo corriqueiro mostra, inicialmente, a complexidade dos problemas que são colocados à pedagogia experimental quando se quer julgar os métodos segundo critérios objetivos e não apenas segundo as avaliações dos mestres interessados, dos inspetores ou dos pais de alunos. Em seguida, ele mostra que os problemas são, efetivamente, de ordem pedagógica e não puramente de ordem psicológica, visto que a medida de um rendimento escolar obedece a critérios que levam em conta só o educador, mesmo quando os

20   JEAN PIAGET

métodos empregados chegam a convergir, em parte, com os do psicólogo. Ao contrário, o problema da colaboração necessária entre a pedagogia experimental e a psicologia da criança, ou a independência radical da primeira, tem sido levantado no decorrer dos últimos anos, pelo menos no interior dos círculos pedagógicos de língua francesa.

O problema não foi colocado nos países anglo-saxônicos nem nas repúblicas populares, onde ocorre que todos os centros de pesquisa dependem das universidades ou das academias pedagógicas, tendo a psicologia experimental necessidade da psicologia na mesma medida em que a medicina, embora baseando-se na biologia ou na fisiologia, com elas não se confunde. R. DOTTRENS, ao contrário, sustentou, diante da Associação de Pedagogia Experimental de Língua Francesa, que ele contribuiu para criar, a tese da independência completa desta disciplina, e, coisa bastante curiosa, invocou para defender-se textos de CLAPARÈDE que mostram simplesmente a diferença dos problemas, como se toda a obra do fundador do Instituto J.-J. Rousseau não tendesse a assentar a pedagogia em bases psicológicas sólidas. De fato, o problema é muito simples e sua solução só depende das ambições mais ou menos modestas ou amplas da pedagogia experimental.

Se esta quer limitar-se, de conformidade com o esquema positivista da ciência, a uma simples pesquisa de fatos e de leis, sem pretender explicar o que ela constata, neste caso não há nenhuma necessidade de uma vinculação com a psicologia. Constatar-se-á, por exemplo, que, em três grupos comparáveis de garotos, o método analítico forneceu ao termo de x meses uma leitura de n palavras na média de 150 minutos, enquanto o método global forneceu n' palavras, e o de Sherbrook, n'' palavras, tudo sobre o mesmo texto. Por outro lado, medir-se-á a rapidez dos progressos de mês a mês. Observar-se-á, afinal, que após 2 ou 3 anos os mesmos grupos, tendo seguido os mesmos ensinamentos, fornecem tais ou quais resultados em ortografia. E se se ficar por aí, ao menos será permitida uma escolha entre os métodos em discussão.

PSICOLOGIA E PEDAGOGIA 21

Mas se a pedagogia experimental quer compreender o que ela faz e completar suas averiguações por meio de interpretações causais ou "explicações", é evidente que precisa recorrer a uma psicologia precisa e não simplesmente àquela do senso comum. Neste caso, ser-lhe-á necessário estar bem informada nos domínios da percepção visual, da percepção das palavras, das letras e das frases, sendo-lhe indispensável conhecer as relações existentes entre a percepção global e as "atividades perceptivas", as leis da fundação simbólica, as relações entre a percepção das palavras e o simbolismo etc. E o exemplo escolhido nada tem de excepcional. Qualquer método didático ou programa de ensino cujas aplicações e cujos resultados sejam analisados pela pedagogia experimental abordam os problemas de psicologia do desenvolvimento, da psicologia do ensino e de psicologia geral da inteligência. Daí resulta que os progressos da pedagogia experimental – enquanto ciência independente quanto ao seu objeto – só podem estar ligados, como em todas as ciências, às pesquisas interdisciplinares, se se trata de construir uma verdadeira ciência. Em outras palavras: que seja explicativa e não apenas descritiva. Aliás, é o que ocorre, essencialmente, nos centros de pesquisas desta nova disciplina. E o que acabamos de dizer apenas enuncia o que já se tornou uma verdade corriqueira no decorrer dos últimos anos.

2

OS PROGRESSOS DA PSICOLOGIA DA CRIANÇA E DO ADOLESCENTE

Introdução

O tomo XV da *Enciclopédia Francesa* inclui um capítulo escrito, há mais de trinta anos, pelo autor destas linhas, onde estudamos o que a psicologia da criança pode oferecer ao educador. Comparando essas páginas com as que foram escritas por H. WALLON no tomo VIII consagrado à Vida Mental, L. FEBVRE acreditava ter notado, ali, uma certa divergência que pode interessar à pedagogia, e que consiste na insistência com que WALLON se refere à incorporação gradual das crianças na vida social organizada pelo adulto, enquanto nós nos preocupamos mais em assinalar os aspectos espontâneos e relativamente autônomos do desenvolvimento das estruturas intelectuais.

Se a psicologia de WALLON e a nossa terminaram por se tornar mais complementárias do que antagônicas – por a sua análise do pensamento ter enfatizado mais os aspectos figurativos, enquanto a nossa pôs em evidência os aspectos operativos (o que procurei mostrar numa "Homenagem a H. WALLON", num curto artigo, tendo meu saudoso amigo a oportunidade de me comunicar que aprovava essa "conciliação dialética") –, nem por isso o problema levantado por L. FEBVRE deixa de subsistir em nossos dias, embora já colocado em termos renovados por um conjunto considerável de fatos descobertos desde então.

PSICOLOGIA E PEDAGOGIA 23

Bastante decisivo para a escolha dos métodos de ensino, esse problema é concretamente colocado nos seguintes termos: há matéria, como a história da França ou a ortografia, cujo conteúdo foi elaborado ou mesmo inventado pelo adulto e cuja transmissão implica apenas os problemas relacionados com a melhor ou a pior técnica de informação. Por outro lado, existem ramos onde o tipo de verdade que os caracteriza independe das ocorrências mais ou menos particulares resultantes de múltiplas decisões individuais, dependendo, entretanto, de pesquisas ou descobertas no decorrer das quais a inteligência humana se afirma com suas propriedades de universalidade e de autonomia. Neste caso, uma verdade matemática não promana das contingências da sociedade adulta, mas de uma construção racional acessível a toda inteligência sã; uma verdade física elementar é verificável por um processo experimental que não depende das opiniões coletivas, mas de um procedimento racional, ao mesmo tempo indutivo e dedutivo, igualmente acessível a essa inteligência. O problema, nesse caso, está – o que ocorre para as verdades desse tipo – em decidir se elas são mais bem conquistadas por uma transmissão educativa análoga àquelas que tiveram algum êxito no caso dos conhecimentos do primeiro tipo, ou se uma verdade só é realmente assimilada enquanto verdade na medida em que é reconstruída ou redescoberta por meio de uma atividade suficiente.

Assim acontecia no ano de 1935, e este é o problema cardeal da pedagogia contemporânea. Se se deseja, como necessariamente se faz cada vez mais sentir, formar indivíduos capazes de criar e de trazer progresso à sociedade de amanhã, é claro que uma educação ativa verdadeira é superior a uma educação consistente apenas em moldar os assuntos do querer pelo já estabelecido e os do saber pelas verdades simplesmente aceitas. Mas, mesmo caso se tenha por objetivo formar espíritos conformistas prontos a trilhar os caminhos já traçados das verdades adquiridas, o problema implica em determinar se a transmissão das verdades estabelecidas terá mais êxito mediante o procedimento de simples repetição ou mediante uma assimilação mais ativa.

24   JEAN PIAGET

Pois graças à definição deste problema, e sem o ter buscado, é que a psicologia da criança, sobremodo desenvolvida desde 1935, é capaz de responder hoje, de modo mais completo do que anteriormente, ao problema em pauta. E sua resposta incide fundamentalmente sobre três pontos, de importância decisiva para a escolha dos métodos didáticos e mesmo para a elaboração dos programas do ensino: a natureza da inteligência ou do conhecimento, o papel da experiência na formação das noções e o mecanismo das transmissões sociais ou linguísticas do adulto à criança.

A formação da inteligência e a natureza ativa dos conhecimentos

R. M. HUTCHINS, em artigo recente da *Enciclopédia Britânica*, declara que o objetivo principal do ensino é desenvolver a própria inteligência, e sobretudo aprender a desenvolvê-la "o mais longamente possível", isto é, além do término da vida escolar. Sem dúvida, ninguém pode deixar de aceitar a fórmula de HUTCHINS, de acordo com a qual os fins, confessos ou não, assinalados à educação, consistem em subordinar o indivíduo à sociedade tal e qual ela é, ou em preparar uma sociedade melhor. Mas também fica patente que ela não significa grande coisa enquanto não precisar em que consiste a inteligência, visto que se as ideias do senso comum sobre o assunto são tanto uniformes quanto inexatas, as dos teóricos variam suficientemente para inspirar as mais divergentes pedagogias. É, portanto, indispensável consultar os fatos para saber o que é a inteligência, e a experiência psicológica só responde a um tal problema ao caracterizar essa inteligência por seu modo de formação e de desenvolvimento. Precisamente este campo da psicologia da criança tem fornecido muitos resultados novos desde 1935.

As funções essenciais da inteligência consistem em compreender e inventar, em outras palavras, construir estruturas estruturando o real. E, de fato, é cada vez mais patente que estas duas funções são indissolúveis e que, para compreender um fenômeno ou um acontecimento, é preciso reconstruir as transformações de que elas são resultantes, e ainda que, para reconstituí-las, faz-se mister primeiramente elaborar uma estrutura de transformação, o que supõe uma parte de invenção ou de reinvenção. Pois, se os antigos teóricos da inteligência (empirismo associacionista etc.) punham em evidência a compreensão (assimilando-a a uma redução do complexo ao simples sobre um modelo atomístico onde a sensação, a imagem e a associação desempenham os papéis essenciais) e consideravam a invenção uma simples descoberta de realidades já existentes, as mais recentes teorias, cada vez mais controladas pelos fatos, subordinam, inversamente, a compreensão à invenção, considerando a última a expressão de um organismo contínuo de estruturas de conjunto.

O problema da inteligência, e com ele o problema central da pedagogia do ensino, aparece, destarte, vinculado ao problema epistemológico fundamental da natureza dos conhecimentos: constituem estes últimos cópias da realidade ou, ao inverso, são assimilações do real pelas estruturas de transformações? As concepções do conhecimento-cópia, longe de terem sido abandonadas por cada uma das correntes, continuam a inspirar os métodos educativos, e frequentemente até os métodos intuitivos, onde a imagem e as apresentações audiovisuais desempenham um papel que algumas delas são levadas a considerar como a etapa suprema dos progressos pedagógicos. Em psicologia da criança são vários os autores que continuam a pensar que a formação da inteligência obedece às leis da "aprendizagem", tomando por modelo certas teorias anglo-saxônicas do "learning", como a de HULL: respostas repetidas do organismo aos estímulos exteriores, consolidação dessas repetições por meio de reforços externos, constituição de cadeias de associações ou de "hierarquia de hábitos" que fornecem uma "cópia funcional" das sequências regulares da realidade etc.

Mas o fato essencial que contradiz tais sobrevivências do empirismo associacionista, cujo estabelecimento é renovado nas concepções da inteligência, é que os conhecimentos derivam da ação, não no sentido de meras respostas associativas, mas no sentido muito mais profundo da associação do real com as coordenações necessárias e gerais da ação. Conhecer um objeto é agir sobre ele e transformá-lo, apreendendo os mecanismos dessa transformação vinculados com as ações transformadoras. Conhecer é, pois, assimilar o real às estruturas de transformações, e são as estruturas elaboradas pela inteligência enquanto prolongamento direto da ação.

O fato de a inteligência derivar da ação, interpretação esta conforme à linha da psicologia da língua francesa há várias décadas, leva a esta consequência fundamental: mesmo em suas manifestações superiores, onde ela procede graças aos instrumentos do pensamento, a inteligência ainda consiste em executar e coordenar as ações, mas sob uma forma interiorizada e reflexiva. Essas ações interiorizadas – sempre ações enquanto processos de transformações – são "operações" lógicas ou matemáticas, motores de todo juízo ou de todo raciocínio. Mas essas operações não se limitam a ser apenas quaisquer ações interiorizadas, e apresentam, ademais, enquanto expressões das coordenações mais gerais da ação, o duplo caráter de serem reversíveis (toda operação comporta uma inversão, como a soma e a subtração, ou uma recíproca etc.) e de, consequentemente, se coordenarem em estruturas de conjunto (uma classificação, a sequência de números inteiros etc.). Daí resulta que, em todos os níveis, a inteligência é uma assimilação do dado às estruturas de transformações, das estruturas das ações elementares às estruturas operatórias superiores, e que essas estruturas consistem em organizar o real em ato ou em pensamento – e não apenas em, simplesmente, copiá-las.

O desenvolvimento das operações

Esse desenvolvimento contínuo, que conduz as ações sensorimotrizes iniciais às operações mais abstratas, é o que a psicologia da criança procurou descrever nos últimos trinta anos, e os fatos obtidos em numerosos países, assim como suas interpretações cada vez mais convergentes, fornecem, hoje, aos educadores que deles se querem servir, elementos de referência suficientemente consistentes.

PSICOLOGIA E PEDAGOGIA 27

Este ponto de partida das operações intelectuais consiste em alcançar em primeiro período de desenvolvimento caracterizado pelas ações e a inteligência sensorimotriz. Apenas utilizando como instrumentos as percepções e os movimentos, sem ainda ser capaz de representação ou de pensamento, essa inteligência inteiramente prática apenas testemunha, no decorrer dos primeiros anos, a existência de um esforço de compreensão das situações. Ela leva, na verdade, à construção de esquemas de ação destinados a servir de subestruturas às estruturas operatórias e nocionais posteriores. Observa-se já neste nível, por exemplo, a construção de um esquema fundamental da conservação, que é o da permanência dos objetos sólidos pesquisados a partir de 9 ou 10 meses (após as fases essencialmente negativas a esse propósito) por trás da tela que os separa de todo campo perceptivo atual. Observa-se, correlativamente, a formação de estruturas já quase reversíveis, tais como a organização dos deslocamentos (*déplacements*) e das posições num grupo caracterizado pela possibilidade de retornos e desvios (mobilidade reversível). Assiste-se à constituição de relações causais, inicialmente ligadas apenas à própria ação, e, em seguida, progressivamente objetivadas e espacializadas em vínculo com a construção do objeto, do espaço e do tempo. A importância deste esquematismo sensoriomotor para a formação das futuras operações se verifica, entre outros, no fato de que entre os cegos de nascença, estudados com esse propósito por Y. HATWELL, a insuficiência dos esquemas de partida conduz, até à adolescência, um atraso de 3 a 4 anos ou mais na constituição das operações muito gerais, enquanto os cegos mais tardios não apresentam um desequilíbrio tão considerável.

Aos 2 anos inicia-se um segundo período que dura até os 7 ou 8 anos, cujo advento é marcado pela formação da função simbólica ou semiótica. Este permite representar os objetos ou acontecimentos atualmente não perceptíveis invocando-os por meio de símbolos ou de sinais diferenciados, tais como o jogo simbólico, a imitação diferenciada, a imagem mental, o desenho etc. e, principalmente, a própria linguagem. A função simbólica permite, deste modo, que a inteligência sensoriomotora se prolongue em pensamento, mas duas

28 JEAN PIAGET

circunstâncias retardam, pelo contrário, a formação das operações propriamente ditas, e de tal modo que, durante todo esse segundo período, o pensamento inteligente permanece pré-operatório.

A primeira dessas circunstâncias é que é preciso tempo para interiorizar as ações em pensamento, porque é muito mais difícil representar o desenrolar da ação e dos seus resultados em termos de pensamento do que limitar-se à execução material. Por exemplo: imprimir em pensamento uma rotação num quadrado representando-se todos os 90° na posição dos lados diversamente coloridos é diferente de fazer rodar o quadrado materialmente e constatar os efeitos. A interiorização das ações supõe, assim, a sua reconstrução sobre um novo plano, e essa reconstrução pode passar pelas mesmas fases, mas com um maior desequilíbrio (*décalage*) do que a reconstrução anterior da própria ação.

Em segundo lugar, essa reconstrução supõe uma descentralização contínua muito mais ampla do que o nível sensoriomotor. Durante os dois primeiros anos do desenvolvimento (período sensorimotriz), já a criança se viu obrigada a realizar em pequena uma espécie de revolução coperniciana: conduzindo, de início, tudo para si mesma e para seu próprio corpo, acabou por constituir um universo espaçotemporal e causal, contanto que seu corpo não seja considerado mais do que um objeto entre outros numa imensa rede de relações que o superam. Acontece no plano das reconstruções em pensamento o mesmo, só que numa escala maior e com maior dificuldade; isto é, trata-se de situar com relação ao conjunto das coisas mais do que com relação ao conjunto das pessoas, o que supõe uma descentralização ao mesmo tempo relacional e social, portanto, uma passagem do egocentrismo a essas duas formas de coordenações, fontes da reversibilidade operatória (inversões e reciprocidades).

Carente de operações, a criança não chega, no curso deste segundo período, a constituir as noções, ainda as mais elementares, de conservação, condições da dedutibilidade lógica. Pensa-se, então, que uma dezena de traços alinhados dá um número muito maior do que quando esses traços se encontram espaçados; que uma coleção

PSICOLOGIA E PEDAGOGIA   29

dividida em duas aumenta em quantidade relativamente ao todo inicial; que uma linha reta, uma vez quebrada, representa um caminho mais longo; que a distância entre *A* e *B* não é necessariamente a mesma que entre *B* e *A* (principalmente quando em declive); que um líquido num vidro *A* vê sua quantidade crescer se é derramado num vidro *B* de tamanho menor etc.

Aos 7-8 anos se inicia um terceiro período, onde esses problemas e outros mais são facilmente resolvidos porque as interiorizações, coordenações e descentralizações crescentes conduzem a uma forma geral de equilíbrio que constitui a reversibilidade operatória (inversões e reciprocidades). Em outras palavras, assiste-se à formação das operações: reuniões e dissociações de classes, fontes da classificação; encadeamento de relações *A* < *B* < *C*..., fontes da seriação; correspondências, fontes das tábuas de dupla entrada etc.; síntese das inclusões de classes e de ordem serial, o que engendra os números; divisões espaciais e deslocamentos (*déplacements*) ordenados, cuja síntese é a medida etc.

Mas essas múltiplas operações nascentes ainda cobrem apenas um campo duplamente limitado. De um lado, elas só incidem sobre os objetos e não sobre as hipóteses anunciadas verbalmente sob a forma de proposições (donde a inutilidade dos discursos nas primeiras classes do primário e a necessidade de um ensino concreto). De outro, elas procedem ainda por aproximação, em oposição às futuras operações combinatórias e proporcionais, possuidoras de uma mobilidade bem superior. Estas duas limitações são de certo interesse e mostram quanto essas operações iniciais, chamadas "concretas", estão ainda próximas da ação de onde derivam, já que as reuniões, seriações, correspondências etc., executadas sob a forma de ações materiais, apresentam, realmente, essas espécies de caracteres.

Aos 11-12 anos, afinal, aparece um quarto e último período, cujo ponto de equilíbrio se situa no nível da adolescência. Seu caráter geral é a conquista de um novo modo de raciocínio, que não incide exclusivamente sobre os objetos ou as realidades diretamente representáveis, mas também sobre as "hipóteses", isto é, sobre as proposições de que é possível tirar as necessárias consequências

30   JEAN PIAGET

sem decidir de sua verdade ou falsidade antes de ter examinado o resultado dessas implicações. Assiste-se, pois, à formação de novas operações, chamadas "proporcionais", em mais operações concretas: implicações ("se... então"), disjunções ("ou... ou"), incompatibilidades, conjunções etc. Em primeiro lugar, elas comportam uma combinatória, o que não é o caso dos "agrupamentos" de classes e de relações do nível anterior, e essa combinatória se aplica conjuntamente aos objetos ou aos fatores tanto quanto às ideias e às proposições. Em segundo lugar, cada operação proporcional corresponde a uma inversa e a uma recíproca, e de tal modo que essas duas formas de reversibilidade, até então dissociadas (a inversão para as classes e a reciprocidade para as relações) são, desde já, reunidas em um sistema conjunto, apresentando a forma de um grupo de quatro transformações.

Os aspectos figurativos e operativos do conhecimento

O desenvolvimento espontâneo da inteligência, que conduz as ações sensoriomotrizes elementares às operações concretas, e, depois, formais, é assim caracterizado pela constituição progressiva de sistemas de transformações. Chamamos de "operativo" este aspecto dos conhecimentos, chegando o termo operativo a compreender mais as ações iniciais do que as estruturas propriamente operatórias (no sentido estrito). Mas as realidades que se procura conhecer não consistem só em "transformações", mas também em "estados", visto que cada transformação parte de um estado para outro, e que cada estado constitui o produto ou o ponto de partida de transformações. Chamamos de "figurativos" os instrumentos de conhecimento que incidem sobre os estados ou que traduzem os movimentos e transformações em termos de simples sucessão de estados: tais como a percepção, a imitação e essa espécie de imitação interiorizada que constitui a imagem mental.

Assim, no que se refere a esses pontos, a psicologia da criança vem fornecendo novos fatos desde 1935, fatos cuja natureza inte-

PSICOLOGIA E PEDAGOGIA 31

ressa ao educador. Em todos os tempos tem-se, realmente, pensado na educação sensorial e FROEBEL procurou codificá-la para os níveis pré-escolares. Periodicamente se vem insistindo sobre o papel das apresentações "intuitivas" e chega-se, com frequência, a que os pedagogos bem-intencionados imaginem que a vantagem principal dos métodos ativos é a de substituir a abstração pelos contatos concretos (embora exista uma construção "ativa" do abstrato, como vimos acima) e cheguem mesmo a acreditar que alcançam o ponto mais alto do progresso educativo ao multiplicar as figurações intuitivas sob formas que nada têm de ativas. É, pois, de alguma utilidade pedagógica examinar como os trabalhos psicológicos recentes apresentam as relações entre os aspectos figurativos e operativos do pensamento.

Quanto ao que se relaciona inicialmente à percepção, é cada vez mais difícil nos nossos dias acreditar, como outrora se fazia, que as noções e operações são extraídas dessa percepção por meio de simples abstração e generalizações. MICHOTTE procurou, em 1954, provar que a noção de causa tem sua origem numa "percepção da causalidade" e que esta forma de percepção é encontrada mesmo entre as crianças mais jovens. Mas já tivemos oportunidade de mostrar que a causalidade sensorimotora não deriva da causalidade perceptiva e que, pelo contrário, a causalidade perceptiva visual se apoia na causalidade tático-cinestésica, que depende, por sua vez, da própria ação em seu conjunto e não exclusivamente dos fatores perceptivos. Daí resulta que a causalidade operatória mergulha as suas raízes na causalidade sensorimotora e não perceptiva, dependendo, a última, da causalidade sensorimotora tanto em seus aspectos motores quanto perceptivos. Este exemplo é demonstrativo de outros mais. Tanto assim que em todos os casos em que se acredita tirar simplesmente uma noção de uma percepção, a ação é esquecida, e se percebe, em seguida, que a atividade sensorimotora constitui a fonte comum das noções e das percepções correspondentes. Há, neste caso, um fato geral e fundamental que a educação não poderá menosprezar.

Quanto à representação figurativa, os fatos estudados testemunham tudo o que vai da subordinação constante dos aspectos fi-

32   JEAN PIAGET

gurativos aos aspectos operativos do pensamento. Em sequência
ao desenvolvimento das imagens mentais nas crianças, constata-
se o fato de que, nos níveis pré-operatórios, a imagem permanece admiravelmente estática e reprodutora em virtude de não poder
antecipar os movimentos ou o resultado das transformações. Por
exemplo: a criança de 4 a 6 anos de idade representa para si mesma
a transformação de um arco em uma reta pelo alongamento de um
fio de ferro curvo, que assim fornece uma reta igual à corda (sem
necessitar ultrapassar as extremidades do arco inicial) e o encara
como uma passagem brusca por ser incapaz de imaginar os estados
intermediários. Sob a influência das operações concretas nascentes
é que, aos 7 e 8 anos e mais, a imagem se torna, ao mesmo tempo, antecipadora e mais móvel. A evolução das imagens mentais
não obedece, portanto, a leis autônomas, mas supõe a intervenção
de contribuições exteriores a elas, e que são de natureza operativa.
Mesmo no domínio das imagens-recordações e da memória se pode
mostrar quanto a estrutura e a própria conservação das recordações
estão vinculadas ao esquematismo das ações e das operações. Para
isto, é bastante comparar – por exemplo, tomando-se grupos diversos de crianças – a memorização de um conjunto de cubos, segundo
esse conjunto tenha sido (a) simplesmente olhado ou percebido, (b)
reconstruído pela própria criança, ou (c) construído por um adulto
sob as vistas da criança, para se constatar uma nítida vantagem para
as recordações do tipo (b). A demonstração pelo adulto (c) não dá
mais do que a simples percepção (a), o que novamente vem mostrar
que, ao se fazer experiências diante da criança em vez de fazê-las
ela própria, perde-se todo o valor de informação e formador que
apresenta a ação como tal.

Maturação e exercício

O desenvolvimento da inteligência, tal como vemos nos trabalhos que acabamos de descrever, provém de processos naturais ou
espontâneos, no sentido de que podem ser utilizados e acelerados

PSICOLOGIA E PEDAGOGIA 33

pela educação familiar ou escolar mas que não derivam delas, constituindo, pelo contrário, a condição prévia e necessária da eficiência de todo o ensino (cf. os oligrofrênicos, para quem as melhores formas de educação não bastam para trazer à tona a inteligência que lhes falta). Este caráter espontâneo do desenvolvimento operatório é comprovado pelos estudos comparativos que vêm sendo realizados em diferentes países. Assim é que, por exemplo, foram encontradas conservações operatórias entre as crianças analfabetas dos campos iranianos e entre os surdos-mudos, com ligeiro atraso sistemático, mas menor do que entre os cegos.

Daí se poderá supor que as operações intelectuais constituem a expressão de coordenações nervosas que são elaboradas em função, unicamente, da maturação orgânica. Realmente, a maturação do sistema nervoso só está concluída aos 15 e 16 anos, e até parece evidente que ela desempenha um papel necessário na formação das estruturas mentais, embora esse papel ainda seja pouco conhecido.

Mas uma condição necessária não é por si mesma suficiente; e torna-se fácil mostrar que a maturação não é o único fator em jogo no desenvolvimento operatório: a maturação do sistema nervoso limita-se a abrir possibilidades excluídas até certos níveis de idade, mas é preciso atualizá-las, o que supõe outras condições, das quais a mais imediata é o exercício funcional ligado às ações.

A prova deste caráter limitado do papel da maturação está em que, se os graus de desenvolvimento que acabamos de descrever se sucedem sempre na mesma ordem, do mesmo modo que os seus subgraus, o que bem demonstra o caráter "natural" e espontâneo de seu desenvolvimento sequencial (cada um deles sendo necessário à preparação do seguinte e à conclusão do precedente), eles não correspondem, por sua vez, a idades absolutas, observando-se, pelo contrário, acelerações ou retardamentos segundo os diversos meios sociais e a experiência adquirida. Os psicólogos canadenses têm constatado, por exemplo, retardamentos de até 4 anos, do ponto de vista das nossas provas operatórias, entre crianças da Martinica, cuja escolaridade primária se realiza conforme o programa francês.

Os fatores da experiência adquirida

No curso dos últimos anos cada vez mais se tem insistido – e não deixaremos de repeti-lo – na lacuna fundamental da maioria dos métodos de ensino que, numa civilização em grande parte baseada nas ciências experimentais, negligencia quase totalmente a formação do espírito experimental entre os alunos. Há, pois, um certo interesse em examinar-se o que a psicologia da criança nos tem ensinado nos últimos anos sobre o papel da experiência adquirida na formação da inteligência e sobre o desenvolvimento da experimentação espontânea.

No que se refere ao primeiro ponto, sabemos, em nossos dias, que a experiência é necessária ao desenvolvimento da inteligência, mas que não é suficiente e se apresenta sob duas formas bastante diferentes daquelas que foram distinguidas pelo empirismo clássico: experiência física e experiência lógico-matemática.

A experiência física consiste em agir sobre os objetos e descobrir as propriedades por abstração, partindo dos próprios objetos. Por exemplo: pesar os objetos e verificar que os mais pesados nem sempre são os maiores. A experiência lógico-matemática (indispensável nos níveis em que a dedução operatória não é ainda possível) consiste, por sua vez, em agir sobre os objetos, mas, no caso, em descobrir as propriedades por abstração a partir, não dos objetos como tais, mas das próprias ações que se exercem sobre esses objetos. Por exemplo: alinhar pedrinhas e descobrir que seu número é o mesmo quer se vá da esquerda para a direita, quer da direita para a esquerda (ou em círculos etc.). Neste caso, nem a ordem nem a soma numérica pertencem às pedrinhas antes de ordenadas ou contadas, e a descoberta de que a soma independe da ordem (= comutatividade) consistiu em abstrair essa constatação das próprias ações de enumerar e ordenar, embora a "leitura" da experiência tenha incidido sobre os objetos, já que essas propriedades de soma e ordem foram, de fato, introduzidas pelas ações nesses objetos.

Quanto à experiência física, ela permanece há longo tempo bastante frustrada entre as crianças, como permaneceu, até o século

PSICOLOGIA E PEDAGOGIA 35

XVII, na história da civilização ocidental, não consistindo, inicialmente, mais do que em classificar os objetos e colocá-los em relação ou em correspondência, graças às operações "concretas", mas sem dissociação sistemática dos fatores em jogo. Esta maneira direta de abordar o real, mais próxima da experiência imediata do que da experimentação propriamente dita, às vezes é suficiente para conduzir o sujeito à descoberta de certas relações causais. Por exemplo: quando a criança aos 7-8 anos de idade chega às operações aditivas e às noções de conservação que daí decorrem, ela começa a compreender que o açúcar dissolvido na água não desaparece, como ela acreditava anteriormente, mas se conserva sob a forma de pequenos grãos invisíveis, cuja soma equivale à quantidade total dos pedaços que foram submersos etc. Mas na maior parte dos casos, as operações concretas não bastam para a análise dos fenômenos. Com as operações proporcionais, ao contrário, e sobretudo com a combinatória que elas tornam possível, assiste-se, entre os 11-12 e 14-15 anos, à formação de um espírito experimental: na presença de um fenômeno um pouco complexo (flexibilidade, oscilações de um pêndulo etc.), o sujeito procura dissociar os fatores e fazê-los variar cada qual isoladamente, neutralizando os demais, ou combiná-los entre si de maneira sistemática etc. É comum a escola ignorar o possível desenvolvimento de tais aptidões. Voltaremos ao problema pedagógico essencial que decorre da sua existência.

A transmissão educativa e o equilíbrio

Além dos fatores de maturação e de experiência, a aquisição dos conhecimentos depende naturalmente das transmissões educativas ou sociais (linguísticas etc.) e apenas sobre esse processo é que durante muito tempo se baseou a escola tradicional. A psicologia não procura de modo algum negligenciá-la, mas encarrega-se do estudo das questões que lhe concernem e que se pensou estivessem resolvidas há muito tempo. O êxito de tal transmissão depende apenas de uma apresentação mais ou menos correta, feita pelo próprio adul-

36   JEAN PIAGET

to, do que ele deseja inculcar na criança, ou supõe nesta última a existência de instrumentos de assimilação sem os quais não haveria compreensão?

No que se refere à ação da experiência sobre a formação dos conhecimentos, há muito tempo admite-se como uma banalidade o fato de mostrar que o espírito não é uma *table rase* sobre a qual se inscreveriam as vinculações já prontas e impostas pelo meio exterior. Constata-se, ao contrário, o que vem sendo confirmado por trabalhos recentes, que toda experiência necessita de uma estruturação do real, isto é, que o registro de todo dado exterior supõe a existência de instrumentos de assimilação inerentes à atividade do sujeito. Mas quando se trata da fala adulta, transmitindo ou procurando transmitir conhecimentos já estruturados pela linguagem ou pela inteligência dos pais ou dos mestres, imagina-se que essa assimilação prévia é suficiente e que a criança tem apenas de incorporar esses alimentos intelectuais já digeridos, como se a transmissão não exigisse uma nova assimilação, isto é, uma reestruturação dependente, neste caso, das atividades do auditor. Em uma palavra, desde que se trata da fala ou do ensino verbal, parte-se do postulado implícito de que tal transmissão educativa fornece à criança os instrumentos próprios da assimilação, ao mesmo tempo que os conhecimentos a assimilar, esquecendo que esses instrumentos só podem ser adquiridos pela atividade interna e que toda assimilação é uma reestruturação ou uma reinvenção.

As pesquisas recentes demonstraram-no no próprio campo da linguagem. Uma criança do nível pré-operatório, de 5 ou 6 anos, dirá de duas réguas, após ter constatado a igualdade de comprimento, que uma se tornará maior que a outra se se introduzirem alguns centímetros a mais, visto que o termo "maior" é compreendido (tanto nacional como semanticamente) num sentido ordinal e não métrico, e portanto no sentido de "se tornando maior". Ela dirá, na presença de uma seriação $A < B < C$, que A é menor, C é grande e B é médio, mas terá muito mais dificuldade em admitir que B é, por sua vez, maior do que A e menor do que C, porque as qualidades de "grande" e "pequeno" são, por muito tempo, incompatíveis etc.

Numa palavra: a linguagem não basta para transmitir uma lógica e só é compreendida graças aos instrumentos de assimilação lógicos de origem mais profunda, visto que procedem da coordenação geral das ações e das operações. As conclusões principais que os trabalhos variados da psicologia da criança oferecem à pedagogia são, de há muitos anos, relativos à própria natureza do desenvolvimento intelectual. Por um lado, esse desenvolvimento refere-se essencialmente às atividades do sujeito, e, da ação sensorimotora às operações mais interiorizadas, o motor é constantemente uma operatividade irredutível e espontânea. Por outro, esta operatividade não é nem pré-formada de uma vez por todas nem explicável por suas contribuições exteriores da experiência ou da transmissão social: ela é o produto de sucessivas construções, e o fator principal desse construtivismo é um equilíbrio por autorregulações que permitem remediar as incoerências momentâneas, resolver os problemas e superar as crises ou desequilíbrios por uma elaboração constante de novas estruturas que a escola pode ignorar ou favorecer, segundo os métodos empregados. Não será, pois, inútil, antes de examinar a sua evolução, lembrar alguns dos progressos recentes de uma psicologia da criança em pleno desenvolvimento, embora ainda bastante longe de ter desbravado o imenso território por explorar.

3

A EVOLUÇÃO DE ALGUNS RAMOS DO ENSINO

Desde 1935 que alguns ramos particulares do ensino sofreram reexames de seus programas e da sua didática sob o crivo de três tipos de causas, às vezes convergentes e às vezes independentes. A primeira dessas razões é a evolução interna das disciplinas ensinadas: as matemáticas, por exemplo, passaram por uma transformação extremamente profunda a partir de alguns anos, e a tal ponto que sua linguagem se modificou; é, portanto, normal que se procure adaptar os alunos, desde as primeiras classes, a um mundo novo de conceitos que, de outra maneira, lhes permaneceriam para sempre estranhos. A segunda razão é o aparecimento de novos procedimentos didáticos: os objetivos do cálculo, por exemplo, propiciaram a utilização de novos materiais concretos. A terceira razão é o recurso, ainda que modesto mas por vezes efetivos, aos dados da psicologia da criança e do adolescente.

Os três tipos aqui citados podem, assim, convergir, mas este não é necessariamente o caso, e destarte pode acontecer que se envidem esforços por ensinar as matemáticas mais modernas através de métodos os mais tradicionais, por não se desvendar a relação que existe entre as estruturas matemáticas recentemente descobertas e as estruturas operatórias espontaneamente construídas no curso do desenvolvimento mental.

A didática das matemáticas

O ensino das matemáticas sempre levantou um problema bastante paradoxal. Existe, de fato, uma certa categoria de alunos inteligentes e que, em outros campos, dão mesmo prova de capacidade superior, mas fracassam mais ou menos sistematicamente quando se trata das matemáticas. Ora, estas constituem um prolongamento direto da própria lógica, e a tal ponto que atualmente é impossível traçar uma fronteira estável entre os dois campos (e isto qualquer que seja a interpretação dada a esta relação: identidade, construção progressiva etc.). É, pois, difícil pensar-se que as pessoas bem-dotadas na elaboração e na utilização das estruturas lógico-matemáticas espontâneas da inteligência sejam carentes de qualquer vantagem na compreensão de um ensino que incide exclusivamente sobre o que se pode tirar de tais estruturas. Ora, o fato aí está, e levanta um problema.

Tem-se o costume de responder de modo um pouco fácil quando se fala de aptidão para as matemáticas (ou de "bossa", para usarmos um termo familiar a GALL). Mas, se o que acabamos de supor é correto, no que se refere às relações desta forma de conhecimento com as estruturas operatórias fundamentais do pensamento, ou esta "aptidão" ou esta "bossa" se confunde com a própria inteligência, o que não é obrigatoriamente o caso, ou ela é totalmente relativa, não em relação às matemáticas por si mesmas, mas à maneira pela qual são ensinadas. Na verdade, as estruturas operatórias da inteligência, sendo de natureza lógico-matemática, não são conscientes enquanto estruturas no espírito das crianças: são as estruturas de ações e de operações que dirigem, certamente, o raciocínio do sujeito mas não constituem um objeto de reflexão por sua vez (do mesmo modo que se pode cantar sem ser obrigado a construir uma teoria do solfejo e mesmo sem que se saiba ler música). O ensino das matemáticas convida, pelo contrário, as pessoas a uma reflexão sobre as estruturas, por meio de uma linguagem técnica que comporta um simbolismo muito particular e exige um grau mais ou menos alto de abstração. A chamada "aptidão para as matemáticas" pode muito bem incidir sobre a compreensão da própria linguagem, em oposição às estruturas por ela descritas, ou sobre a velocidade de abstração enquanto se acha vinculada a um tal simbolismo e não enquanto reflexão sobre as estruturas naturais. Ademais, como tudo se acha incluído numa disciplina inteiramente dedutiva, o impasse ou a incompreensão que incide sobre tal ou qual elo acarreta uma dificuldade crescente na sequência dos encadeamentos, de tal modo que o aluno desadaptado no que se refere a um ponto não compreende o ponto seguinte e cada vez duvida mais dele: os complexos afetivos, amiúde reforçados pelas pessoas que o cercam, acabam por bloquear uma iniciação que poderia ser inteiramente diversa.

Numa palavra: o problema central do ensino das matemáticas é o do ajustamento recíproco das estruturas operatórias espontâneas próprias à inteligência e do programa ou dos métodos relativos aos domínios matemáticos ensinados. No entanto, esse problema alterou-se profundamente nas últimas décadas, em virtude das transformações das próprias matemáticas. Por um processo de aparência paradoxal, mas psicologicamente natural e muito explicável, as estruturas mais abstratas e mais gerais das matemáticas contemporâneas contam com a vantagem das estruturas operatórias naturais da inteligência e do pensamento que não lhes eram oferecidas pelas estruturas particulares que constituíam o arcabouço das matemáticas clássicas e do ensino.

Sabe-se, por sua vez, que desde os trabalhos da escola BOURBAKI (eles próprios se prolongaram numa sequência de esforços orientados no mesmo sentido) as matemáticas já não aparecem como um conjunto de capítulos mais ou menos separados, mas como uma vasta hierarquia de estruturas engendrando-se umas às outras a partir de algumas "estruturas-mãe" que se combinam entre si ou se diferenciam de modos diversos. Estas estruturas elementares são em número de três: as estruturas algébricas, caracterizadas por uma reversibilidade em forma de inversão ($T - T^1 = O$), cujo protótipo é o "grupo", as estruturas de ordem, cuja reversibilidade é uma reciprocidade característica dos sistemas de relações, e cujo protótipo é o "encadeamento" e as estruturas topológicas que incidem sobre as

PSICOLOGIA E PEDAGOGIA 41

noções de continuidade e de vizinhança (correspondências biunívocas e bicontínuas etc.).

Acontece que estas três estruturas-mãe correspondem bastante às estruturas operatórias fundamentais do pensamento. Desde as "operações concretas", de que já falamos, encontram-se estruturas algébricas nos "grupamentos" lógicos de classes, estruturas de ordem nos "grupamentos" de relações e estruturas topológicas na geometria espontânea da criança (que é topológica muito antes de atingir as formas projetivas ou a métrica euclidiana, de acordo com a ordem teórica e contrariamente à ordem histórica da constituição das noções). Desde as operações proposicionais são encontradas as estruturas operatórias de "grupos" e de "encadeamentos" etc.

Inspirando-se nas tendências bourbaquistas, a matemática moderna coloca a tônica mais na teoria dos conjuntos e nos isomorfismos estruturais do que nas compartimentações tradicionais, surgindo, pois, um movimento que visava introduzir tais noções o mais cedo possível no ensino. Tal tendência justifica-se plenamente, visto que precisamente as operações de reuniões ou de intersecção de conjuntos que as coloca em correspondência com as fontes dos isomorfismos etc., são operações que a inteligência constrói e utiliza espontaneamente desde os 7 ou 8 anos de idade e, mais ainda, desde os 11-12 anos (chegando a este nível à estrutura complexa dos "conjuntos de partes", fonte da combinatória e dos "encadeamentos").

Somente a inteligência elabora e utiliza essas estruturas sem tomar consciência delas sob uma forma reflexiva, não como Monsieur Jourdain fazia prosa sem saber, mas de forma alguma como qualquer adulto não lógico manipula as implicações, as disjunções etc., sem ter a menor ideia da maneira pela qual a lógica simbólica ou algébrica consegue por essas operações em fórmulas abstratas e algébricas. O problema pedagógico continua a ser, em sua totalidade, apesar do progresso de princípio realizado em torno das raízes naturais das estruturas operatórias, o de encontrar os métodos mais adequados para passar destas estruturas naturais, mas não reflexivas, para a reflexão sobre tais estruturas e pô-las em teoria.

Portanto, é aqui onde reaparece o conflito de que falamos no começo daquele parágrafo entre a manipulação operatória das estruturas e a linguagem simbólica que permite exprimi-las. As estruturas mais gerais das matemáticas modernas são por sua vez as mais abstratas, enquanto as mesmas estruturas se apresentam no espírito das crianças sob a forma de manipulações concretas, materiais ou verbais. O matemático não acostumado à psicologia pode, por outro lado, temer em todo exercício concreto um obstáculo à abstração, ao passo que o psicólogo está habituado a distinguir cuidadosamente a abstração a partir dos objetos (fonte de experiência física, estranha à matemática) e a abstração a partir das ações, fonte da dedução e da abstração matemáticas. Não é preciso crer, no entanto, que uma sã educação da abstração e da dedução supõe um emprego prematuro unicamente da linguagem e do simbolismo técnico, visto que a abstração matemática é de natureza operatória e procede obrigatoriamente por etapas contínuas a partir de operações as mais concretas. É preciso, pois, não confundir o concreto com a experiência física, que tira seus conhecimentos dos objetos e não das ações próprias ao sujeito, nem com as apresentações intuitivas no sentido de figurativas, porque estas operações são extraídas das ações e não das configurações perceptivas ou imagéticas.

Esses vários mal-entendidos possíveis mostram que se a introdução das matemáticas modernas nos níveis mais precoces constitui, em princípio, um grande progresso do ponto de vista psicopedagógico, as realizações poderiam, conforme o caso, ser excelentes ou mais discutíveis, de acordo com os processos empregados. Daí por que a Conferência Internacional da Instrução Pública (Bureau Internacional de Educação e Unesco), na sessão de 1956, inseriu na sua Recomendação nº 43 ("O ensino das matemáticas nas escolas secundárias") os seguintes artigos:

20. Importa: *a*) levar o aluno a formar as noções e descobrir por si mesmo as relações e as propriedades matemáticas, em vez de lhe ser imposto um pensamento adulto já acabado; *b*) assegurar a aquisição das noções e dos processos operatórios antes de intro-

PSICOLOGIA E PEDAGOGIA 43

duzir o formalismo; *c*) só confiar ao automatismo as operações assimiladas.

21. É indispensável: *a*) fazer com que o aluno inicialmente adquira a experiência dos seres e das relações matemáticas, e iniciá-lo, em seguida, no raciocínio dedutivo; *b*) estender progressivamente a construção dedutiva das matemáticas; *c*) aprender a formular os problemas, a pesquisar dados e a explorar e apreciar os resultados; *d*) dedicar-se de preferência à investigação heurística dos problemas do que à exposição doutrinária dos teoremas;...

22. É preciso: *a*) estudar os erros dos alunos e ver neles um meio de conhecer seu pensamento matemático; *b*) treinar na prática do controle pessoal da autocorreção; *c*) dar o sentido da aproximação...; *e*) dar prioridade à reflexão e ao raciocínio... etc.

A importância dada à pesquisa pessoal do aluno é válida em todos os níveis. Desde as primeiras iniciações ao cálculo, um educador belga, CUISENAIRE, introduziu um material concreto sob a forma de réguas reunindo amontoados de unidades diversas e conhecido pelo nome de "números em cores". O princípio é o mesmo já utilizado pelas senhoritas AUDEMARS e LAFENDEL na Maison des Petits, em Genebra, mas a inovação consiste em distinguir por suas cores respectivas às réguas de comprimentos 1, 2, 3 etc. Ora, tanto esta introdução das cores quanto o próprio princípio da correspondência das unidades espaciais e dos números podem dar lugar a interpretações e a aplicações extremamente diferentes, apesar dos esforços de C. GATTEGNO para introduzir uma espécie de inspeção internacional (da qual se pode pensar o que bem se queira do "método Cuisenaire" porque, na verdade, não existe o "método Cuisenaire" unificado, mas uma pluralidade de métodos que vão do melhor ao pior, e dizemos isto sem querer em nada diminuir os grandes méritos do próprio CUISENAIRE. Excelente enquanto possibilita as manipulações ativas e as descobertas pela própria criança, na linha do seu desenvolvimento operatório espontâneo, este material pode dar lugar à tentação de demonstrações feitas diante da criança apenas pelo adulto, o que facilita certamente a compreensão re-

44 JEAN PIAGET

lativa aos métodos mais verbais ou mais estáticos, mas que corre o risco (e esse risco é reforçado pela presença das cores) de dar prioridade às configurações sobre as operações, e portanto aos aspectos figurativos do pensamento (percepção, imitação e imagens) sobre os aspectos operativos (ações e operações). O risco se torna realidade, com todos os perigos que comporta, quando a tônica é posta definitivamente sobre as relações de cores (o que fez que a Maison des Petits renunciasse ao emprego desse auxiliar ambivalente) e quando se acredita que assim se é fiel às linhas diretoras da escola ativa, embora não se pratique mais do que o ensino intuitivo.

Uma série de pesquisas está atualmente em curso no Canadá, na Grã-Bretanha, na Suíça etc., sobre as vantagens e os inconvenientes dos diversos métodos utilizados sob o nome de CUISENAIRE: um dos processos de análise empregados consiste em comparar grupos de crianças educadas segundo os métodos habituais ou com os números em cores, avaliando-se os níveis atingidos por meio de diversas provas operatórias. Ao que parece, assiste-se, a esse propósito, a um progresso parcial do desenvolvimento nos casos em que o método dos números em cores é utilizado de um modo ativo e operatório e onde, sem dúvida, os mestres dominam suficientemente os elementos das matemáticas modernas e da psicologia das operações intelectuais.

Nos níveis mais elevados e até no bacharelado (mas a partir dos começos do cálculo e sem empregar os números em cores) estão sendo realizados ensaios sistemáticos, principalmente em Neuchâtel, sob a direção do matemático e pedagogo L. PAULI, no sentido de utilizar a título de exercícios educativos os dispositivos experimentais que temos empregado com objetivo psicológico, e isto com a clara intenção de fornecer um ensinamento das estruturas da matemática moderna partindo das estruturas operatórias espontâneas. Um esforço do mesmo gênero, notável por sua imaginação em inventar novos dispositivos estruturais, foi realizado por DIENES, na Austrália e em numerosos países por onde permaneceu por algum tempo.

A formação do espírito experimental e a iniciação nas ciências físicas e naturais

A sociedade contemporânea foi profundamente transformada (e o futuro dirá se para o seu bem ou para a sua destruição) pelos trabalhos dos físicos, químicos e biólogos. E sem qualquer dúvida a elite dos especialistas e dos inventores constitui uma fração íntima e heterogênea do corpo social. Primeiro, porque suas pesquisas são tão mal compreendidas em seu espírito geral quanto em seus detalhes técnicos. Em segundo lugar, porque a educação intelectual corrente e a instrução pública se encontram particularmente desadaptadas no que se refere às novas necessidades da formação e do recrutamento, quer no plano técnico quer no campo científico.

A educação tradicional de alguns dos grandes países tem-se destacado mais nas humanidades e nas matemáticas, como se as duas qualidades dominantes do homem racional fossem a de mover-se facilmente na história e na dedução formal. Quanto à prática experimental, ela fazia o papel da atividade menor, boa para as civilizações de filosofia empirista (apesar de tudo o que se pôde dizer da inadequação de uma tal filosofia nas condições autênticas da experimentação propriamente científica). Assim é que se acreditava ter dado uma formação experimental suficiente pelo simples fato de se ter iniciado o aluno nos resultados das experiências passadas ou propiciando-lhe o espetáculo de experiências de demonstrações feitas pelo professor, como se se pudesse aprender a nadar simplesmente olhando os banhistas, sentado comodamente nos bancos do cais. É verdade que foram anexados os laboratórios ao ensino magistral. Mas repetir experiências já realizadas está ainda muito longe de uma educação do espírito de invenção e mesmo da formação do espírito de controle ou de verificação.

Se se considera que o objetivo da educação intelectual é o de formar a inteligência mais do que mobiliar a memória, e de formar pesquisadores e não apenas eruditos, nesse caso pode-se constatar a existência de uma carência manifesta do ensino tradicional. É verdade que a física nasceu uns bons vinte séculos após o surgi-

46 JEAN PIAGET

mento das matemáticas, e isto em virtude de algumas razões que explicam igualmente por que uma formação experimental é de tal modo mais difícil de organizar que os cursos de latim ou de matemáticas. Mas, como já vimos, a criança adquire espontaneamente, entre 11-12 e 14-15 anos de idade, os instrumentos intelectuais necessários à experimentação propriamente dita. Esses instrumentos são de dois tipos. Em primeiro lugar, são instrumentos do pensamento, sob a forma de uma combinatória e de operações proposicionais que permitem opor as implicações às não implicações, as disjunções não exclusivas às exclusivas, as conjunções às incompatibilidades etc. Em segundo, são uma conduta particular, que se tornou possível graças a essas operações, e que consiste em dissociar os fatores por meio de hipóteses prévias, fazendo-os variar experimentalmente um a um ao neutralizar os outros em combiná-los de diversas maneiras.

Dois exemplos elementares mostrarão, a este propósito, a diferença das reações espontâneas entre as crianças de 12-15 anos e as de 7 a 10-11 anos. 1) Após ter mostrado um líquido colorido de amarelo, apresenta-se quatro líquidos *A-D* incolores e inodoros e um conta-gotas *E*, exigindo-se que seja reproduzida a mesma cor: os de 7-10 anos de idade irão combiná-los 2 a 2, em seguida misturando tudo, sem chegar ao êxito. Os de 11-12 anos procederão de 2 a 2, 3 a 3 e 4 a 4, segundo todas as combinações possíveis, e descobrirão que a cor supõe a reunião de três elementos, que o quarto é um descorante e o quinto um neutro. 2) Apresentem-se varinhas mais ou menos flexíveis, exigindo-se que sejam encontrados os fatores em jogo (comprimento, espessura, forma de secção, matéria das varetas) e provado o seu papel efetivo. Os sujeitos de 11-12 anos já descobrem, mais ou menos, esses fatores, mas com titubeios gerais, correspondências seriais etc., e, por exemplo, para demonstrar o papel do comprimento, bastará comparar uma vareta comprida e fina com uma outra curta e grossa "para que se veja melhor a diferença". Os de 13-15 anos começam, pelo contrário, por um inventário de hipóteses possíveis, depois estudam cada fator apenas fazendo-o variar, observando todas as coisas iguais. E então

PSICOLOGIA E PEDAGOGIA 47

compreendem que uma variação de dois ou mais fatores ao mesmo tempo nada permite concluir (a não ser para demonstrar que uma combinação de dois ou três fatores é necessária para produzir determinado efeito particular, como ocorre na experiência 1).

Se, ao passar do nível das operações concretas para o das operações proposicionais ou hipotético-dedutivas a criança torna-se capaz de, ao mesmo tempo, combinar essas hipóteses e de verificá-las experimentalmente (encontrar-se-ão outros exemplos destas condutas espontâneas de experimentação racional na obra de B. INHELDER e J. PIAGET: *De la logique de l'enfant à la logique de l'adolescent,* Paris: P.U.F.), vê-se que a escola deve desenvolver-se e orientar-se com tais capacidades para daí extrair uma educação do espírito experimental e um ensino das ciências físicas que insista mais sobre a pesquisa e a descoberta do que sobre a repetição.

Por isso, finalmente, começou-se a cuidar disso em alguns países, e entre eles se pode citar como exemplo os Estados Unidos, onde o movimento é interessante de ser acompanhado, visto que naquela nação um largo campo é reservado à iniciativa privada, o que permite perceber as influências em jogo e as etapas das realizações, por mais parciais que sejam (ou precisamente porque são assim). Uma das principais correntes partiu da Academia Nacional das Ciências, em Washington, e do grito de alarma lançado pelos eminentes físicos G. ZACHARIAS e F. FRIEDMAN, do célebre Massachusetts Institute of Technology (M.I.T.), que insistiram na discordância completa existente entre o espírito da ciência em marcha e o ensino das ciências em todos os graus. A Academia das Ciências realizou, então, uma conferência de peritos em Wods Hole, em 1959, a qual reuniu um conjunto importante de matemáticos, físicos, biólogos e psicólogos americanos, e ainda um convidado estrangeiro, que no caso foi a nossa colaboradora B. INHELDER. Os trabalhos da conferência foram resumidos e interpretados de modo muito interessante pelo psicólogo J. BRUNER, de Harvard (*The Process of Education,* Harv. Univ. Press, 1961), e o M.I.T. fundou uma secção de ensino das ciências, abarcando todos os graus, onde os físicos profissionais não iriam temer uma perda de tempo precioso em suas pesquisas

48 JEAN PIAGET

para se dedicarem ao estudo, com os psicólogos e os educadores, da aplicação dos métodos didáticos; e numerosas aplicações vêm sendo tentadas.

O impulso dado provocou a constituição de numerosos grupos de trabalho que não mais se limitavam, como facilmente tem ocorrido entre nós, a organizar colóquios ou conferências, mas se dedicavam nas escolas a realizar experiências didáticas. E, coisa notável, são encontrados nos grupos de pesquisas, e com muita frequência, físicos profissionais dedicando-se a investigações pedagógicas sobre as crianças mais jovens pertencentes às classes de iniciação. Por exemplo: R. KARPLUS, do Departamento de Física da Universidade da Califórnia, em Berkeley, vem aplicando dispositivos, cujos resultados ela própria estuda, para iniciar as mais jovens crianças na relatividade dos pontos de vista (fazendo-as descrever os mesmos fenômenos segundo a interpretação dos diversos observadores) ou na causalidade por interações e não por séries temporais simples (ver *Piaget Rediscovered. A Report of the Conference on Cognitive Studies, a Curriculum Development*, R.E. Ripple and V. N. Rockastle, eds., Cornell University, pp. 113-117). Outro exemplo: BEN NICHOLS, professor de técnica elétrica, organizou nos Educational Services Incorporated uma secção de "Elementary Science Study Branch", onde, com a colaboração da psicóloga e pedagoga E. DUCKWORTH, os grupos de crianças são comparados segundo se podem ou não dedicar-se às atividades espontâneas com um material que permite descobrir as leis físicas elementares (*Piaget Rediscovered*, pp. 119-122).

Haja vista que esses ensaios de didática física ativa são coordenados com os esforços para renovar o ensino das matemáticas e mesmo da lógica em ação. Foi o que mostraram J. A. EASLEY a propósito do grupo das quatro transformações (ver capítulo 8), J. KILPATRICK (School Mathematics Study Group), R. A. DAVIS (Madison Projet in Mathematics), E. BERGET (National Council of Teachers in Mathematics) e outros (Illinois Mathematics Projets etc.) em recentes conferências realizadas nas universidades de Cornell e de Berkeley (ver *Piaget Rediscovered*, pp. 109, 128, 134, 139 e 141).

O ensino da filosofia

A inegável renovação que caracteriza o ensino das ciências, da escola primária ao bacharelado, de que demos um exemplo para as disciplinas experimentais – e o mesmo poderíamos ter feito na análise de outros casos (U.R.S.S. etc.) –, levanta um problema geral de formação que vem sendo discutido em várias regiões: o do ensino da filosofia no nível secundário. Julgado importante em alguns países, como a França (onde ele é frequentemente posto em questão), inexistindo em outros onde a filosofia só figura no programa das faculdades, ele é concebido de modo muito variável, porque depende, mais do que os outros, dos objetivos que lhe são dados, e que refletem ainda em maior proporção do que nos outros ramos a própria ideologia da sociedade considerada.

Se o objetivo principal de educação intelectual é o de formar o espírito, então, em direito, a reflexão filosófica constitui o objetivo essencial, tanto para os alunos que se desejam iniciar principalmente na dedução matemática e nos métodos experimentais como para os que a orientação a seguir será a das humanidades e das disciplinas históricas. Mas qual será, nesse caso, a iniciação filosófica mais apropriada para atingir tais fins?

Se desde 1935 as transformações das matemáticas e das ciências experimentais exatas se revelaram bastante gerais e de sentido muito claro para que concordem em suas grandes linhas sobre as consequências a tirar dessas evoluções, o *status* da filosofia modificou-se de um modo, sem dúvida, assaz profundo mas muito menos aparente, e de uma forma tal que os próprios filósofos estão ainda longe de um acordo entre si sobre a significação desses movimentos subterrâneos.

Toda a história da filosofia manifesta duas tendências principais, que podem ser chamadas de centrípeta e centrífuga, sendo a primeira, sem dúvida, imodificável, não variando quase nada entre 1935 e 1965 mais do que entre os gregos e nós, enquanto a segunda só faz acentuar-se cada vez mais no curso dos últimos trinta anos.

Primeiramente, a filosofia é – o que é uma constante comum a todos os sistemas em sua infinita variedade – um esforço de coordenação de valores no sentido mais amplo, e que procura situar os valores do conhecimento no conjunto dos outros fins humanos. Deste ponto de vista, a filosofia chega essencialmente a uma "sabedoria" ou a uma espécie de fé racionalizada, seja esta de natureza moral, social ou metafísica. Daí que, nesta primeira perspectiva, o ensino filosófico variará consideravelmente de um país para outro, de acordo com a existência de uma espécie de filosofia de Estado, espiritualismo ou materialismo etc., ou, pelo contrário, se um Estado liberal deseja formar indivíduos com opiniões pessoais e variadas. É inútil querer descrever estas diversas modalidades, cuja distribuição geográfica corre por conta própria e se traduzem por métodos de ensino igualmente variáveis, escalonados entre a iniciação propriamente dita e a educação da reflexão crítica.

Mas a filosofia pode ser também concebida como um modo de conhecimento, e aí é que aparecem as divergências mais graves, e se manifestam de um modo sempre crescente as tendências centrífugas que se vêm acentuando nas últimas décadas (ver nossa obra: *Sagesse et illusions de la philosophie*, P.U.F., 1965).

Para uns, a filosofia comporta uma forma própria de conhecimento, de natureza paracientífica ou supracientífica: os valores vitais ultrapassam as fronteiras da ciência e correspondem às intuições avaliadoras irredutíveis, donde se conclui que existe igualmente uma intuição epistêmica, que fornece um modo de conhecimento específico, o qual se oporia ao conhecimento científico.

Para outros, e a história lhes oferece argumentos cada vez mais reforçados, a reflexão filosófica constitui conhecimentos cuja característica consiste em só progredir por uma delimitação dos problemas e um refinamento dos métodos, ambos peculiares ao próprio desenvolvimento científico. Em outras palavras: desde que um grupo de conhecimentos filosóficos tende a atingir uma certa precisão, resulta daí a constituição de uma ciência particular nova, que se destaca do tronco comum.

Sem falar das matemáticas, que viviam ainda em simbiose com a filosofia em PITÁGORAS ou PLATÃO, a lógica é um exemplo chocante dessa dissociação: saída da reflexão de ARISTÓTELES e dos estoicos, concebida como generalizável por LEIBNIZ, ela conquistou desde o século XIX a sua autonomia e suas próprias técnicas, cada vez mais ricas e complexas (com uma nova guinada a partir dos teoremas de GOEDEL em 1931), a tal ponto que a lógica está hoje integralmente associada às matemáticas e a maior parte dos filósofos não mais consegue ensiná-la.

A psicologia, por sua vez, separou-se da filosofia desde os começos deste século e é ensinada em muitos países na Faculdade das Ciências vinculada ao estudo da biologia. A Associação Internacional de Psicologia Científica, que agrupa as sociedades de psicologia de uma trintena de países, constantemente tem recusado sua filiação ao Conselho Internacional de Filosofia e Ciências Humanas, para proteger-se contra a especulação. Apenas porque cada qual se crê psicólogo e porque a coordenação dos valores de que falamos acima implica uma referência à vida interior, é que reaparecem, frequentemente, "psicologias filosóficas", que são interessantes para o moralista mas que não guardam qualquer relação com a psicologia.

A sociologia testemunha as mesmas leis de evolução, mas com algum atraso porque a experimentação aí é mais difícil e porque a estatística não basta para tudo. Quanto à teoria do conhecimento ou epistemologia – que supõe ao mesmo tempo uma elaboração lógica avançada, dados psicológicos preciosos e uma análise cada vez mais técnica do futuro das ciências –, ela dá lugar a trabalhos cada vez mais especializados, de que os principais são hoje mais obra dos próprios sábios do que dos filósofos de ofício (teorias do fundamento das matemáticas, da experimentação microfísica etc.).

Resulta desta situação complexa uma crise inegável da filosofia e, por conseguinte, de seu ensino, tanto na universidade quanto no nível secundário. É bastante para provar o que acima ficou dito constatar-se a diversidade dos tipos de ensinos deste ramo dados nas aulas de segundo grau e a diversidade dos tipos de preparação dos professores encarregados desta formação particular.

O problema central é, naturalmente, como se pode ver pelo exposto, o das relações entre a filosofia e o espírito científico: reconciliação, divórcio, ou compromissos diversos – são estas, desde então, as principais tendências ideológicas ou culturais. Nos países do Leste europeu, o problema se atenua pelo fato de a filosofia oficial ser a dialética marxista, que é considerada científica. O ensino filosófico, no nível do segundo grau, é, pois, uma iniciação à dialética, com diversas incursões nas aplicações científicas. Em certas regiões, como na Polônia, onde há bastante tempo floresce uma escola de lógica de prestígio, acrescenta-se-lhe uma introdução à lógica matemática, o suficiente para iniciar o aluno médio em problemas de que, nos nossos países, os estudantes não têm, sem uma iniciação especial, qualquer noção. Mas em certos meios do Leste europeu, a dialética pode apresentar-se sob duas formas: uma imperialista, sustentada pelas ambições seculares do corpo dos filósofos em dirigir as ciências, e a outra imanente, consistindo em discernir de modo muito positivo as tendências internas de todas as ciências do devir ou do desenvolvimento.

Uma outra forma de conciliação entre o espírito científico e o espírito filosófico, mas muito mais restrito e comportando inegáveis perigos do ponto de vista das próprias ciências cuja vitalidade permanece solidária de uma "abertura" indefinida, é aquela do positivismo ou "empirismo lógico", saído do Círculo de Viena, e que encontrou um segundo êxito nos países anglo-saxões. Mas este movimento, que tão fortemente influenciou várias gerações, perdeu sua velocidade por não ter sabido (como ocorre a todo empirismo) manter o papel essencial das atividades do sujeito.

Nos meios ocidentais não empiristas, a crise do ensino filosófico se refere, antes de mais nada, à separação das Faculdades de Letras e Ciências e, correlatamente, à das secções chamadas literárias e científicas das escolas de segundo grau. Têm-se exagerado os defeitos de tais compartimentações, cujo resultado mais em evidência é a constituição de um tipo de corpo social de filósofos convocados a se ocuparem diretamente da totalidade do real sem iniciação pessoal ao que seja uma pesquisa científica delimita-

PSICOLOGIA E PEDAGOGIA 53

da. Enquanto os grandes filósofos da história contribuíram, todos eles, para o movimento científico do seu tempo, ou anteciparam possíveis trabalhos (como os empiristas para a psicologia ou HEGEL para a sociologia), formam-se hoje especialistas do transcendental, que penetram diretamente no mundo das essências tanto mais facilmente quanto ignoram toda especialidade, mesmo em psicologia. Pode-se, portanto, perguntar se não é em virtude de uma espécie de artefato sociológico que os espíritos assim formados constituirão, por sua vez, as gerações das secções literárias dos liceus, mantendo dessarte o divórcio entre o espírito científico e o espírito filosófico. Certos meios tentaram remediar essa situação perigosa. Em Amsterdã, o saudoso BETH teve êxito ao separar da Faculdade de Letras as disciplinas filosóficas para situá-las em um instituto interfaculdades, que fornecia seus diplomas e seus doutorados, de maneira a poder estabelecer a unidade entre a pesquisa científica e a reflexão filosófica. Certas universidades suíças procuraram inscrever alguns cursos de filosofia no programa de Ciências e de Letras e, desse modo, garantir um mesmo ensino nas duas secções correspondentes dos liceus (ginásios). Na Bélgica, atualmente se estudam projetos análogos aos realizados na Holanda.

O ensino das línguas antigas e o problema das humanidades

Contrariamente aos setores precedentes, as disciplinas literárias e as humanidades deram lugar a apenas umas poucas modificações no seu ensino. A razão disto talvez esteja no fato de que nesses ramos o conteúdo tem variado muito pouco, apesar dos consideráveis progressos observados na linguística e de a história ter ampliado sensivelmente as suas perspectivas. Mas a principal razão, sem dúvida alguma, está em outros tipos de considerações: situações adquiridas, tradições de interesses profissionais. Independentemente do problema do seu valor educativo intrínseco, sobre o qual ainda falaremos, é inegável, de fato, que as poucas discussões sobre o ensino das humanidades – salvo entre os "planificadores" que sonham com as orientações futuras da instrução pública – resultam do fato de que um número apreciável de carreiras liberais só está aberto aos portadores de um bacharelado em que se incluem as letras clássicas, e de que o Estado, encontrando-se no caso diante de situações coercitivas, não procura levantar questões sem saída, sabendo existirem muitas outras para serem estudadas.

Já nos referimos à ausência de todo controle preciso sobre a utilidade do conhecimento das línguas antigas, por exemplo, para os médicos, principalmente quando se leva em conta a fragilidade dos argumentos concernentes à terminologia médica, porque uma assimilação das raízes úteis ou de termos sábios pode ser mais facilmente adquirida sem necessidade de uma entrega, durante 6 ou 8 anos, aos estudos clássicos. A este propósito, e sem de forma alguma procurar cortar por via dedutiva ou por meio de argumentos de bom-senso um problema para cuja solução se necessita apenas reunir um número suficiente de fatos devidamente controlados, é interessante assinalar o que ocorre em alguns países que mudaram de regime político: enquanto em alguns deles já não há, para os médicos, a obrigação de saber latim, essa língua continua a ser adotada na Polônia, e como numerosos estudantes se apresentam nas faculdades de medicina sem possuir tal conhecimento, instituíram-se, por exemplo, em Varsóvia, cursos obrigatórios de latim para os futuros médicos. No Japão, a mesma obrigação depende inteiramente das universidades, enquanto na Índia ela simplesmente inexiste.

Mas os verdadeiros problemas que propõem os estudos clássicos do segundo grau são os dos objetivos a seguir e da adequação dos meios empregados. Sobre estes dois pontos é que têm havido vários debates interessantes, embora somente no plano teórico.

Os objetivos são de duas espécies: um é essencial e sem discussão possível, o outro é marginal e levanta toda a sorte de problemas. O objetivo principal é a formação do espírito histórico e o conhecimento das civilizações passadas, de onde procede a nossa sociedade. Por isso, se as ciências exatas e naturais e a reflexão filosófica

PSICOLOGIA E PEDAGOGIA 55

são indispensáveis ao conhecimento do universo e do homem, há um outro aspecto da humanidade que precisa de informação tão complexa quanto elas, e de um tipo diferente: as culturas e sua história. É, pois, perfeitamente legítimo prever, em função das atitudes de cada um e dos especialistas futuros, a formação de um humanista cujo papel será tão indispensável à vida social como o das ciências e do conhecimento racional.

O objetivo marginal sobre que insistimos alhures, e que vem tendo certa vantagem sobre o procedente, é a formação do espírito em geral, na hipótese mesma de que a iniciação nas línguas mortas constitui um exercício intelectual cujo benefício pode ser transferido a outras atividades. Sustentar-se-á, por exemplo, que a posse de uma língua de onde procede aquela que o aluno fala e o manejo de suas estruturas gramaticais fornecem os instrumentos lógicos e um *esprit de finesse* com que a inteligência se beneficiará qualquer que seja o seu emprego posterior. Ir-se-á mesmo abusando um pouco de uma expressão célebre, até opor-se a este *esprit de finesse* um outro geométrico, como se o último fosse peculiar às ciências e o primeiro às disciplinas literárias, embora se saiba que ambos se encontram por toda parte.

Os problemas hoje cada vez mais levantados, principalmente na Grã-Bretanha, onde, apesar da força das tradições, o estudo das línguas mortas tem sido sensivelmente reduzido em certas secções do segundo grau, consistem em determinar se a formação clássica corresponde realmente aos dois objetivos que lhe foram determinados alcançar. É inútil voltar ao segundo caso: já se disse acima que as pesquisas empreendidas pelos psicólogos não levam ainda a qualquer conclusão certa. O problema de transferência é, de fato, um dos mais delicados de resolver estatística e experimentalmente, e não resta senão aguardar dados mais decisivos antes de ousar qualquer pronunciamento sobre as hipóteses ou opiniões que não fazem mais do que incitar as paixões.

Quanto à cultura humanista e à formação do espírito histórico, os estudos clássicos atingem, nas grandes linhas, o seu objetivo, mas algumas reservas vêm sendo formuladas cada vez com mais

56   JEAN PIAGET

frequência. Desde os "Encontros sobre as humanidades", que o Instituto Internacional de Cooperação Intelectual vem organizando em Budapeste sob a direção de Paul VALÉRY, este aprovou o autor destas linhas, que reclamava uma união mais efetiva entre o estudo das civilizações antigas e a história das ideias: por que não se insiste com mais razão sobre o fato de que os gregos, ao descobrirem um ideal insuperável de beleza nos vários campos, constituíram solidariamente um ideal de racionalidade, fonte das ciências e da filosofia ocidentais, enquanto os romanos, embora produzindo grandes poetas, não conseguiram coroar suas atividades políticas e comerciais a não ser com uma ideologia jurídica e militar? O milagre grego, de fato, só é inteligível quando se percebem todos os seus aspectos, inclusive os científicos, até a decadência artística e intelectual do período alexandrino.

No que se refere ao ensino das línguas, existe um conflito latente entre o espírito do gramático e do linguista, e já se tem com razão manifestado estranheza pelo caráter antiquado de certas formas tradicionais da "análise gramatical" apresentada como "lógica" enquanto a linguística moderna constitui uma fonte incomparável de cultura e permanece quase de todo ausente dos programas do segundo grau. Responde-se, no caso, que o estudo das línguas mortas visa menos propriamente a língua (esquecendo-se que dela é que se esperam as transferências cuja autenticidade não é sempre determinada, quando talvez seriam mais efetivos com um ensino mais bem informado do ponto de vista linguístico) do que o pensamento dos autores. Mas ao constatar-se o nível às vezes inquietante do conhecimento das línguas mortas no bacharelado, é-se levado a crer ser preferível poder consagrar mais tempo às leituras do que à língua propriamente dita. Assim é que a Conferência Internacional de Instrução Pública acrescentou, em sua sessão de 1938, à Recomendação nº 14, que era bastante conservadora, o artigo 6, assim concebido: "Para permitir um contato suficiente com as literaturas (latina e grega), far-se-á necessário, em complemento ao estudo direto dos textos, a leitura de traduções justalineares ou unicamente em línguas modernas."

Quanto à história, sabe-se bem como ela tem sido enriquecida, nas últimas décadas, pelas considerações econômicas, o que, por sua vez, levanta novos problemas. Hoje só é aceitável justificar a existência de anos inteiros de estudos das civilizações antigas pela importância que apresentam para a civilização moderna quando se o faz numa perspectiva mais amplamente sociológica do que a que se fazia no passado.

4

A EVOLUÇÃO DOS MÉTODOS DE ENSINO

Até agora indicamos algumas transformações ocorridas a partir de 1935 em diferentes campos, mas permanecendo na perspectiva tradicional e serena de quem não pensa mais do que na natureza dos ramos a ensinar, na compreensão intelectual dos alunos e nos valores permanentes da sociedade. A seguir vamos, ao contrário, achar-nos em presença dos três principais acontecimentos que caracterizam as situações novas da educação ou da instrução e que determinam todas as espécies de opções de modo, ao mesmo tempo, coercitivo e acelerado. Daí resulta que as exposições que a seguir serão lidas abandonarão, a pouco e pouco, o tom da pesquisa, ganhando o da narração ou da discussão mais imediatas e concretas.

Três acontecimentos são: o aumento vertiginoso do número de alunos, devido a um acesso muito mais geral às diversas formas de ensino; a dificuldade quase correlativa de recrutamento de um pessoal docente suficientemente formado; e o conjunto das necessidades novas, sobretudo econômicas, técnicas e científicas, das sociedades em que a instrução pública está sendo organizada.

Estes três fatores intervêm já de maneira notável na escolha dos métodos gerais de ensino e conduzem a conflitos compreensíveis entre os métodos verbais tradicionais, cujo emprego é mais fácil enquanto o pessoal docente ainda não tenha recebido uma formação suficientemente avançada, enquanto os métodos ativos se tornam

PSICOLOGIA E PEDAGOGIA

cada vez mais necessários quando se visa vantajosamente formar quadros técnicos e científicos, e dos métodos intuitivos ou audiovisuais se crê poder tirar os mesmos resultados que com os processos ativos, cada qual mais necessário, e o ensino programado, cujo êxito crescente faz com que se esqueçam as questões que ele levanta.

Os métodos receptivos ou de transmissão pelo mestre

Parece não ter sentido recordar os métodos tradicionais de ensino oral num informe destinado a insistir sobre as novidades aparecidas desde 1935. Mas o fato novo é que alguns países "progressistas", como as repúblicas populares do Leste europeu, pretendem justificar um ensino fundado essencialmente sobre a transmissão pelo mestre ou sobre a "lição", aperfeiçoando o detalhe dos métodos por meio de pesquisas psicopedagógicas sistemáticas e avançadas. Ora, estas pesquisas colocam naturalmente em evidência o papel dos interesses e da ação na compreensão dos alunos, e de tal modo que se produz uma espécie de conflito entre o que sugerem nos casos particulares e as linhas gerais de uma educação receptiva. É, pois, de um certo interesse seguir de perto, a este propósito, o desenvolvimento dos métodos nos países do Leste europeu.

De fato, o conflito latente que acreditamos discernir possui uma dualidade de inspiração ideológica perfeitamente coerente no que diz respeito ao espírito adulto, mas cuja síntese cria um problema no terreno da educação.

A primeira dessas inspirações tende a apresentar a vida mental como o produto da combinação entre dois fatores essenciais: os fatores biológicos e a vida social. O fator orgânico fornece as condições de aprendizagem: as leis do "condicionamento" primário (no sentido de PAVLOV) e as do segundo sistema de sinalização ou sistema de linguagem. A vida social fornece, por outro lado, o conjunto de regras práticas e os conhecimentos elaborados coletivamente e que se transmitem de uma geração a outra. Os fatores biológicos e sociais são suficientes, neste caso, para explicar a vida mental e, assim sendo, todo apelo à consciência individual corre o risco, numa tal perspectiva, de conduzir a um individualismo ou idealismo retrógrados.

Mas uma segunda inspiração proveniente da mesma fonte ideológica vem, na verdade, preencher a lacuna que se podia então imaginar: é o papel da ação na passagem entre o biológico e o social. Este papel da ação (ou da *praxis*) foi profusamente sublinhado por K. MARX, que com razão chegava a considerar a própria percepção como uma "atividade" dos órgãos dos sentidos. Este papel, por outro lado, foi constantemente confirmado pelos psicólogos soviéticos, que a esse respeito têm fornecido abundantes e belos trabalhos.

Do ponto de vista dos métodos gerais de educação, subsiste realmente uma espécie de dualidade de princípios ou de conflito dialético, de acordo com o qual se insiste sobre o papel criador da vida social adulta, levando a que se ponha a tônica sobre as transmissões do mestre para o aluno, ou sobre o papel não menos construtivo da ação, o que leva a conceder-se uma parte essencial às próprias atividades do escolar. Na maioria dos casos, procura-se a síntese, nas repúblicas populares, em um sistema tal que o mestre dirija o aluno, mas de modo a que aja mais do que se limite a lhe dar "aulas". Por isso, tanto ali como em outros lugares, a lição permanece conforme às tendências naturais do mestre, porque aí está a solução mais fácil (já que nem todo mundo dispõe dos lugares nem do saber daquele inspetor canadense que distribuía cada classe em duas salas de aula, para que – explicava – as crianças tivessem tempo de "trabalhar" e o mestre não pudesse falar a todos em conjunto durante todo o dia de aula!). Mas, por outro lado, a parte dada à ação leva certos educadores soviéticos a desenvolverem na direção das atividades as pesquisas realizadas pelas próprias crianças, como é o caso, por exemplo, de SUHOMLINSKY e da Escola de Lipetsk. Essas atividades livres são, além disso, naturalmente multiplicadas nas instituições paraescolares, como os centros de "Pioneiros" e os clubes a eles ligados. Visitamos igualmente alguns internatos, por exemplo na Romênia, onde a

PSICOLOGIA E PEDAGOGIA 61

formação profissional dá lugar a pesquisas ativas dos alunos e a felizes combinações entre o trabalho individual e o trabalho por equipes.

Os métodos ativos

De modo algum se pode dizer que, desde 1935, uma onda de envergadura tenha renovado os processos pedagógicos no sentido dos métodos ativos. A razão principal de forma alguma é de princípio, contrariamente ao que acabamos de presenciar em certos meios do Leste europeu, porque sobre o terreno teórico faz-se, cada vez menos, objeções a um recurso sistemático à atividade dos alunos. Vários mal-entendidos foram por sua vez dissipados, pelo menos teoricamente, dos quais os dois principais são os que se seguem.

Em primeiro lugar, acabou-se por compreender que uma escola ativa não é necessariamente uma escola de trabalhos manuais e que, se, em certos níveis, a atividade da criança implica uma manipulação de objetos e mesmo um certo número de tateios materiais, por exemplo, na medida em que as noções lógico-matemáticas elementares são tiradas, não desses objetos, mas das ações do sujeito e de suas coordenações, noutros níveis a atividade mais autêntica de pesquisa pode manifestar-se no plano da reflexão, da abstração mais avançada e de manipulações verbais, posto que sejam espontâneas e não impostas com o risco de permanecerem parcialmente incompreendidas.

Do mesmo modo acabou-se compreendendo, no nível do plano teórico, que o interesse não exclui de forma alguma o esforço. Muito pelo contrário. É que uma educação que prepara para a vida não consiste em substituir os esforços espontâneos pelos esforços feitos com ajuda, porque se a vida implica uma parte não negligenciável de trabalhos impostos ao lado de iniciativas mais livres, as disciplinas necessárias permanecem mais eficazes quando livremente aceitas sem este acordo interior. Os métodos ativos não levam, de forma alguma, a um individualismo anárquico, mas, principalmente quando se trata de uma combinação de trabalho individual e do trabalho por equipes, a uma educação da autodisciplina e do esforço voluntário.

Mas, mesmo aceitando-se hoje esses pontos de vista mais do que antes, a prática deles não fez grandes progressos, porque os métodos ativos são muito mais difíceis de serem empregados do que os métodos receptivos correntes. Por um lado, exigem do mestre um trabalho bem mais diferenciado e bem mais ativo, enquanto dar lições é menos fatigante e corresponde a uma tendência muito mais natural no adulto em geral e no adulto pedagogo em particular. Por outro lado, principalmente, uma pedagogia ativa implica uma formação muito mais consequente, e sem conhecimento suficiente da psicologia da criança (e, para os ramos matemáticos e físicos, sem um conhecimento bastante forte das tendências contemporâneas destas disciplinas), o mestre compreende mal as condutas espontâneas dos alunos e não chega a aproveitar-se do que considera insignificante e simples perda de tempo. O drama da pedagogia, como, aliás, o da medicina e de outros ramos, mais que compartilham, ao mesmo tempo, da arte e da ciência, é, de fato, o de que os melhores métodos são os mais difíceis: não se pode utilizar um método socrático sem ter adquirido, previamente, algumas das qualidades de SÓCRATES, a começar por certo respeito à inteligência em formação.

Se não é de todo vaga, e se essa carência é tanto mais explicável que o crescimento do número de alunos, a penúria dos mestres e uma quantidade considerável de obstáculos materiais se opõem às melhores intenções, devem-se notar, no entanto, algumas iniciativas individuais importantes, como a de FREINET, e um constante retorno às preocupações maiores que motivam os métodos ativos logo que as necessidades sociais impõem o seu reaparecimento. Já assinalamos, por exemplo, o movimento bastante amplo nos Estados Unidos, que levou a uma reformulação dos ensinos de matemáticas e físicas elementares e que objetivou, naturalmente, a renovação dos processos "ativos". Na sua sessão de 1959, a Conferência Internacional da Instrução Pública votou uma longa Recomendação (n⁰ 49) dirigida aos ministérios sobre "As medidas destinadas a facili-

PSICOLOGIA E PEDAGOGIA 63

tar o recrutamento e a formação de quadros técnicos e científicos".

Lê-se aí (artigo 34): "A fim de aumentar, desde a escola primária, o interesse dos alunos pelos estudos técnicos e científicos, convém utilizar os métodos ativos próprios para desenvolver, entre eles, o espírito experimental." Quanto às iniciativas individuais de mestres de escola particularmente inventivos ou devotados à infância e que encontram por meio da inteligência do coração os processos mais adaptados à inteligência propriamente dita (como outrora PESTALOZZI), poderse-ia citar um grande número nos países mais diversos de língua francesa, alemã (um esforço considerável foi realizado na Alemanha e na Áustria depois da queda do nazismo), italiana, inglesa etc. Entretanto, limitar-nos-emos, como exemplo do que pode ser feito com os modestos meios e sem nenhum incentivo particular por parte dos ministérios responsáveis, a lembrar a notável obra realizada por FREINET, que se espalhou às mais diversas regiões francófonas, entre as quais se inclui o Canadá francês. Sem cuidar muito da psicologia da criança e movido sobretudo pelas preocupações sociais (mas guardando a devida distância diante das doutrinas que põem mais em evidência a transmissão pelo mestre, de que falamos acima), FREINET interessou-se mais em fazer da escola um centro de atividades permanecendo em comunicação com as da coletividade ambiente. Sua célebre ideia da imprensa escolar constitui a esse respeito uma ilustração particular entre outras, mas especialmente instrutiva, porque é evidente que uma criança que imprime pequenos textos chegará a ler, a escrever e a ortografar de uma maneira bem diferente do que se não possuísse qualquer ideia sobre a fabricação dos documentos impressos de que se serviu. Sem querer visar explicitamente o objetivo de uma educação da inteligência e de uma aquisição dos conhecimentos gerais pela ação, FREINET atingiu, portanto, esses objetivos constantes da escola ativa ao pensar principalmente no desenvolvimento dos interesses e na formação social da criança. E sem ostentar teorias, ele conseguiu juntar as duas verdades mais centrais, sem qualquer dúvida, da psicologia das funções cognitivas: que o desenvolvimento das operações intelectuais provém da ação efetiva no sentido mais completo (isto é, inclusive dos interesses, o que não quer dizer, de modo algum, que sejam exclusivamente utilitários), porque a lógica é, antes de tudo, a expressão da coordenação geral das ações; e que esta coordenação geral das ações implica necessariamente uma dimensão social, porque a coordenação interindividual dos atos e sua coordenação intraindividual constituem um único e mesmo processo, sendo as operações do indivíduo socializadas todas elas, e consistindo a cooperação no sentido estrito em tornar comuns as operações de cada um.

Os métodos intuitivos

Uma das causas do atraso dos métodos ativos – e uma causa que é devida à formação psicológica insuficiente da maioria dos educadores – é a confusão que se estabelece às vezes entre esses processos ativos e os métodos intuitivos. Um determinado número de pedagogos imagina, de fato – e o faz frequentemente com muita boa-fé –, que estas últimas se equivalem às precedentes, ou, pelo menos, fornecem o essencial do benefício que se pode tirar dos métodos ativos.

Há, aliás, duas confusões distintas. A primeira, já abordada, leva a pensar que toda "atividade" do sujeito ou da criança se reduz a ações concretas, o que é verdadeiro para os graus elementares, não o sendo, entretanto, para os níveis superiores, onde o aluno pode ser inteiramente "ativo", no sentido de uma redescoberta pessoal das verdades a conquistar, fazendo que essa atividade incida sobre a reflexão interior e abstrata.

A segunda confusão consiste em crer que uma atividade que incida sobre os objetos concretos se reduza a um processo figurativo, isto é, que forneça uma espécie de cópia fiel, em percepções ou em imagens mentais, aos objetos em questão. Esquece-se, desse modo, e logo de início, que o conhecimento não dá, de maneira alguma, uma cópia figurativa da realidade a qual consiste sempre de processos operativos que chegam a transformar o real, quer em ações quer em pensamentos, para perceber o mecanismo dessas transformações e assimilar, assim, os acontecimentos e os objetos a sistemas de operações (ou estruturas de transformações). Esquece-se, por conseguinte, de que a experiência que incide sobre os objetos pode manifestar duas formas, sendo uma a lógico-matemática, que extrai os conhecimentos não apenas dos próprios objetos, mas também das ações como tais que modificam esses objetos. Esquece-se, por fim, de que a experiência física, por sua vez, onde o conhecimento é abstraído dos objetos, consiste em agir sobre estes para transformá-los, para dissociar e fazer variar os fatores etc. e não para deles extrair, simplesmente, uma cópia figurativa.

Portanto, esquecendo-se de tudo isto, os métodos intuitivos conseguem simplesmente fornecer aos alunos as representações imagéticas falantes, seja dos objetos ou acontecimentos, seja do resultado das possíveis operações, mas sem conduzir a uma realização efetiva daqueles. Tais métodos, aliás clássicos, renascem sem cessar das próprias cinzas e constituem, na verdade, um progresso em relação aos processos puramente verbais ou formais do ensino. Mas de modo algum são suficientes para desenvolver a atividade operatória, e é por uma simples confusão dos aspectos figurativos e operativos do pensamento que se crê haver pago o seu tributo ao ideal dos métodos ativos concretizando as matérias de ensino sob esta forma figurativa.

Assim foi que o período de 1935 a 1965 viu reaparecer os métodos intuitivos sob um grande número de formas e, repeti-lo-emos, tanto mais inquietantes quando os seus protagonistas pensam, em geral, de boa-fé, ter satisfeito às exigências mais modernas da psicologia da criança. Recebemos, para começar com este exemplo, uma obra belga de iniciação nas matemáticas, prefaciadas por um educador bem conhecido, onde tanto o autor quanto o prefaciador invocam os nossos trabalhos e não davam a honra de considerá-los uma das fontes de sua inspiração; mas quando faziam a manipulação das operações lógico-matemáticas elementares desaparecia o método em proveito das intuições figurativas, e mesmo essencialmente estáticas.

Inútil apelar para as réguas Cuisenaire, de que já disse que podem dar lugar a utilizações as mais opostas, sendo umas realmente operatórias se a criança descobre por si mesma as diversas operações que permitem as manipulações espontâneas, e as outras essencialmente intuitivas ou figurativas se se limitam a demonstrações exteriores e à leitura de figurações acabadas.

Um educador suíço imaginou dar aos métodos intuitivos o *máximo* de dinamismo e de mobilidade ao ensinar as matemáticas não por meio de imagens estatísticas, mas de filmes cujo desenrolar permite que se assista às decomposições e recomposições chocantes das figuras. Aí se encontram, em particular para o uso dos que se iniciam nos estudos da geometria, as notáveis ilustrações do teorema de Pitágoras, onde as relações em jogo adquirem uma evidência visual digna de todo elogio. E isto chega a ser uma educação de raciocínio geométrico e de construção operatória em geral? BERGSON, que neste caso desejava a inteligência, comparava tal procedimento aos processos cinematográficos, e, se tinha razão, esta iniciação pelo filme dava efetivamente a última palavra da didática mais racional. Infelizmente, BERGSON falhou no problema das operações e não viu em que a transformação operatória constitui um ato verdadeiro, contínuo e criador. Sua crítica da inteligência é, de fato, uma crítica, por sua vez muito profunda, da representação imagética, isto é, dos aspectos figurativos e não operativos do pensamento. Por isso mesmo, uma pedagogia fundada na imagem, ainda quando enriquecida pelo dinamismo aparente do filme, permanece inadequada para a formação do construtivismo operatório, porque a inteligência não se reduz às imagens de um filme. Antes se pode compará-la ao motor que garante o desenrolar das imagens e sobretudo aos mecanismos cibernéticos que assegurariam um tal desenrolar graças a uma lógica interna e aos processos autorreguladores e autocorretores.

Em suma, a imagem, o filme, os processos audiovisuais de toda pedagogia que quer passar por moderna, em nossos dias, nos enchem os ouvidos, são preciosos auxiliares, mas a título de adjuvantes ou de apoios espirituais, e é claro que estão obviamente em

PSICOLOGIA E PEDAGOGIA 67

progresso com relação ao ensino puramente verbal. Mas existe um verbalismo da imagem, assim como existe um verbalismo da palavra, e, confrontados com os métodos ativos, os métodos intuitivos apenas substituem – embora esqueçam o primado irredutível da atividade espontânea e da pesquisa pessoal ou autônoma da verdade – o verbalismo tradicional pelo verbalismo mais elegante e mais refinado.

Entretanto, é preciso notar – e isto é acentuar mais o passivo que o ativo da psicologia em suas aplicações pedagógicas – que os métodos intuitivos chegaram a inspirar toda uma corrente psicológica que teve grandes méritos a outros propósitos: a corrente da psicologia da Forma ou Gestalt, que surgiu na Alemanha antes de sua disseminação por outros países. E não foi por acaso que os métodos intuitivos se desenvolveram, particularmente, em terras germânicas, onde ainda hoje conservam grande crédito. A contribuição da psicologia da Forma foi, após ter renovado de um modo extremamente profundo e útil os problemas da percepção, o de procurar nas estruturas perceptíveis ou "gestalts" o protótipo de todas as outras estruturas racionais ou lógico-matemáticas. Daí que, se fosse verdadeira esta tese, ela constituiria a justificação definitiva dos métodos intuitivos.

Só em psicologia foi que, nos dias atuais, a teoria da Forma perdeu seu crédito, porque, negligenciando as atividades do sujeito em proveito de estruturações físicas ou neurológicas elementares e muito especiais, ela se chocou com as correntes vitoriosas do funcionalismo anglo-saxão, francês e soviético. Ademais, uma "gestalt" é uma estrutura de conjunto não aditiva e irreversível, enquanto as estruturas operatórias de conjunto (classificações, seriações, números, correspondências etc.) são, ao mesmo tempo, irreversíveis e rigorosamente aditivas (2 e 2 são exatamente 4 e não um pouco mais ou um pouco menos, como sobre o plano perceptivo). Daí resulta que a operação é irredutível às "formas" perceptivas ou imagéticas e que, por via de consequência muito direta, os métodos pedagógicos intuitivos permanecem num plano bem inferior aos métodos operatórios ou ativos.

Os métodos programados e as máquinas de aprender

Em vinculação mais ou menos estreita, segundo os casos, com a reflexologia soviética (escola de PAVLOV), a psicologia americana elaborou um certo número de teorias de aprendizagem fundadas no esquema estímulo-resposta (ou $S \to R$). Assim, HULL, e depois dele TOLMAN, aperfeiçoaram doutrinas detalhadas fazendo intervir a formação de hábitos, a seguir "famílias hierárquicas de hábitos", a utilização de índices significativos etc. Mas mesmo assim não ficou estabelecido um acordo entre os autores no que se refere ao detalhe desses fatores, e de tal modo que cada um deles chegasse a reconhecer a importância dos "reforços" externos (êxitos ou impasses ou sanções diversas) e a exigência de leis relativamente constantes de aprendizagem em função das repetições e do tempo empregado.

O último, em data, dos grandes teóricos americanos da aprendizagem, SKINNER, autor de notáveis experiências com pombos (o animal servindo de objeto de escolha era justamente o rato branco, particularmente dócil mas infelizmente suspeito de degenerescência em suas condutas domésticas), adotou uma atitude mais decisivamente positiva. Persuadido do caráter inacessível das variáveis intermediárias e do nível muito rudimentar dos nossos conhecimentos neurológicos, decidiu somente considerar os estímulos ou *inputs*, manipuláveis à vontade, e as respostas observáveis ou *outputs*, e ater-se às suas relações diretas sem se ocupar com as conexões internas. Esta concepção do organismo-caixa-vazio, como ficou sendo chamado, se fundamenta, voluntariamente, em toda vida mental, humana ou animal, para ater-se tão só ao comportamento, em seus aspectos mais materiais, e ignora toda procura de explicação para apenas considerar as leis brutas fornecidas por uma minuciosa experimentação.

Assim sendo, SKINNER, de posse das leis de aprendizagem controladas ou elaboradas por ele, e desprovido de toda preocupação teórica que obstruía os ensaios de generalização ou de aplicação prática, constatou, inicialmente, que suas experiências andavam tanto melhor quando as intervenções humanas do experimentador

PSICOLOGIA E PEDAGOGIA 69

eram substituídas por dispositivos mecânicos bem regulados. Em outras palavras, os pombos fornecem reações tanto mais regulares quando postos em presença de "máquinas de aprender", distribuindo os estímulos com mais precisão e menos rebarbas. A ideia genial que então se impôs a SKINNER, professor de seu ofício ao mesmo tempo que teórico da aprendizagem, é que esta observação vale muito para os homens e que as máquinas de aprendizagem suficientemente bem programadas forneceriam um melhor rendimento do que o ensino oral mais ou menos bem-dotado. E como a percepção do organismo-caixa-vazio permite a economia de considerações prévias sobre os fatores internos da aprendizagem humana, é suficiente conhecer as leis gerais da aprendizagem e o conteúdo dos ramos de ensino para construir programas de riqueza pelo menos igual à dos conhecimentos comumente exigidos.

A experiência tentada teve pleno êxito, e daí que, ao ater-se a processos usuais de ensino por transmissão verbal e processos receptivos, ela só pode ter êxito. Os espíritos sentimentais ou tristes ficaram mais tristes quando souberam que se podia substituir os mestres por máquinas. Mas essas máquinas nos parecem, ao contrário, prestar inicialmente um grande serviço, ao mostrar sem réplica possível o caráter mecânico da função do mestre, tal como é concebida pelo ensino tradicional: se esse ensino só tem por ideal fazer que se repita corretamente o que corretamente foi exposto, isto significa que as máquinas podem preencher acertadamente essas condições.

Diz-se, também, que a máquina suprime os fatores afetivos, mas isto não é exato e SKINNER pretende, não sem que tenha razão, atingir somente uma "motivação" (necessidade e interesse) mais forte do que a das "lições" ordinárias. Na verdade, a questão está em estabelecer se a afetividade do mestre sempre desempenha um papel feliz. CLAPARÈDE dizia, já que se deveria reservar na formação dos mestres um determinado tempo que fosse suficiente para os exercícios de domação de animais, porque, se falha a domação, o experimentador fica sabendo que o erro foi seu, ao passo que na educação das crianças os impasses são sempre atribuídos ao aluno. Portanto, as máquinas de SKINNER provam a este propósito uma boa psicologia ao utilizarem apenas os reforços positivos e ao separarem toda sanção negativa ou punição.

O princípio da programação (que SKINNER ensaiou em suas próprias lições de psicologia antes de generalizá-lo a todo o ensino) é, de fato, o seguinte: dadas as definições, o aluno logo de início deve extrair as consequências corretas e, para isto, deve escolher entre duas ou três soluções que a máquina lhe oferece. Se ele escolhe a boa (pressionando um botão), o trabalho continua; caso ele se engane, o trabalho recomeça. Cada informação nova fornecida pela máquina dá, assim, lugar a escolhas que provam a compreensão obtida, com tantas repetições quantas sejam necessárias e com progresso ininterrupto em caso de êxito constante. Não importa que ramo pode ser programado segundo um tal princípio, quer se trate de raciocínio puro ou de simples memória.

Assim concebidas, têm as máquinas de aprender tido um considerável sucesso e possibilitam já uma indústria próspera. No tempo da multiplicação do número de alunos e da penúria de mestres, elas podem prestar serviços inegáveis e ganham em geral muito mais tempo com relação ao ensino tradicional. Elas não só são empregadas nas escolas, mas também nas empresas onde, por uma ou mais razões, o ensino aos adultos deve ser rapidamente dado.

Quanto ao valor intrínseco de um tal método de ensino, ele depende naturalmente dos objetivos que lhe são assinalados em cada ramo particular. Nos casos em que só se trata de adquirir um saber, como no ensino das línguas, parece bem que a máquina presta serviços já comprovados, em particular sob a forma de ganho de tempo. Nos casos em que o ideal é o de reinventar a sequência de raciocínios, como nas matemáticas, a máquina não exclui a compreensão, tampouco o próprio raciocínio, mas canaliza-os monotonamente, excluindo qualquer iniciativa. É interessante, neste caso, notar que, na conferência de Woods Hole, da qual já falamos (p. 60), onde os matemáticos e os físicos procuraram renovar o ensino das ciências, as proposições de SKINNER receberam uma acolhida bastante restrita, consistindo o problema menos em encontrar os meios de uma

PSICOLOGIA E PEDAGOGIA

boa compreensão do que favorecer a formação de pesquisadores e inventores.

De um modo geral, como toda disciplina implica uma certa bagagem adquirida, podendo assim dar lugar a atividades múltiplas de pesquisas e redescobertas, pode-se imaginar um equilíbrio, variável segundo os ramos, entre as partes de registro e a atividade livre. A este respeito, é possível que o emprego das máquinas de aprender economize um tempo que seria mais longo com o emprego dos métodos tradicionais e aumente, por conseguinte, as horas disponíveis tendo em vista o trabalho ativo. Se estas horas, em particular, compreendem trabalhos de equipe, com tudo o que elas comportam de incitações e de controles mútuos, enquanto a máquina supõe um trabalho essencialmente individualizado, um tal equilíbrio realizaria, da mesma maneira, o equilíbrio necessário entre os aspectos coletivos e individuais do esforço intelectual, ambos imprescindíveis a uma vida escolar harmoniosa.

Mas o ensino programado apenas se inicia e ainda é muito cedo para fazerem-se profecias sobre o seu emprego futuro. Como todos os métodos de ensino que têm por fundamento o estudo de qualquer dos aspectos particulares do desenvolvimento mental, ele pode ter êxito sob o ângulo considerado, permanecendo, não obstante, insuficiente ao ser avaliado sob o aspecto de método geral. E, sobre este ponto como no referente a todas as questões pedagógicas, não é por meio de uma discussão nacional ou abstrata que se irá resolver o problema, mas por meio de uma acumulação de fatos e de controles precisos.

Ora, e isto é bastante curioso, estes controles provêm, atualmente, mais do ensino destinado aos adultos do que da pedagogia propriamente escolar. E as razões disto são pelo menos duas. A primeira é – o que é triste dizer, mas ao mesmo tempo altamente instrutivo – que se controlam cada vez mais de perto os resultados efetivos de um método de ensino, embora se trate de adultos, que não têm tempo a perder (sobretudo se o tempo conta no financiamento de empresas privadas), do que no caso das crianças, cujo tempo de estudo tão precioso parece valer menos aos olhos de muita gente.

As experiências sobre adultos devem ser seguidas de perto, e a esse respeito podemos indicar os cursos de matemáticas para aviadores ou as pesquisas de certos médicos militares, tais como as do centro de Versalhes, que trabalham em conexão com o Instituto de Psicologia da Sorbonne.

A segunda razão é que, em muitos casos, os métodos de ensino programado são desvalorizados de antemão, pelo fato de que, em vez de construir programas adequados, com base no princípio da compreensão progressiva, costuma-se apenas transpor, em termos de programação mecânica, o conteúdo dos manuais correntes, os piores manuais que existem! Pelo menos se poderia esperar que o método de SKINNER conseguisse libertar-nos da influência exagerada dos manuais escolares, já que se sabe bastante sobre os graves problemas que eles costumam criar. E, nestes últimos anos, a edição das obras escolares representa, segundo certas estatísticas, a metade da produção mundial de livros, com uma tiragem que supera todos as demais! Ora, acontece amiúde que, para se facilitar o trabalho de programação, utilizam-se simplesmente os manuais existentes, escolhendo-se naturalmente aqueles que, dentre eles, melhor se prestam aos encadeamentos de perguntas e respostas sobre o modo mais passivo e mais automático.

5

AS TRANSFORMAÇÕES QUANTITATIVAS E A PLANIFICAÇÃO DO ENSINO

Para oferecer um quadro otimista da educação e da instrução desde 1935 teríamos de começar pelo presente capítulo e assinalar, desde o início, a extraordinária extensão do ensino nestas últimas décadas. Há aí seguramente um movimento eufórico em virtude de o crescimento do número de alunos não se dever somente ao aumento da população, mas também às medidas de justiça social que facilitam o acesso às escolas a certas categorias de crianças, sobretudo adolescentes até aqui desfavorecidos por razões de ordem econômica, à prolongação da escolaridade obrigatória em numerosos países e à multiplicação das escolas profissionais. Mas estes aspectos positivos do desenvolvimento educativo ocultam os problemas que subsistem quanto à eficácia dos meios empregados e, ao se considerar as coisas apenas pelo ângulo quantitativo, arrisca-se falsear um pouco o sentido do quadro, porque não fica sempre demonstrado se esta extensão indefinida corresponde a um resultado feliz ou a uma vitória da educação.

Pareceu-nos mais rápido começar assinalando os problemas que continuam a existir no que se refere à insuficiência de nossos conhecimentos pedagógicos, à sua falta de vinculação com o progresso dos estudos psicológicos, às transformações dos ramos e dos métodos de ensino, antes de passar ao exame das questões mais concretas, cujas soluções, audaciosas e encontradas no dia a dia, ou então amadurecidas nos esforços de planificação sistemática, permanecem constantemente tributárias das questões precedentes.

É, pois, conforme à objetividade examinar agora as modificações de conjunto impostas ao ensino pelas recentes transformações de nossa sociedade, lembrando que os dados quantitativos não comportam qualquer significação unívoca e provam mais a existência de problemas do que de soluções já encontradas. Ao julgar-se os progressos da medicina por uma estatística das doenças cuidadas, não se avançaria em quase nada a análise, ao passo que um estudo sobre o resultado dos tratamentos em relação à sua extensão social é mais instrutivo. Pois o que continua a falar à pedagogia científica é este gênero de controle, daí por que o progresso das medidas estatísticas, por mais eufórico que seja, deixa ainda em aberto uma série indefinida de problemas.

Mas as recentes transformações do ensino ainda são quantitativas e, em relação mais ou menos frouxa ou estreita com estes aumentos da população escolar, docente ou discente, vêm-se configurando, em larga escala, as reformas das estruturas. Saídas de uma planificação geral ou superando-a por etapas mais ou menos descontínuas, essas reformas escolares resultaram da ação de um grande número de fatores, dos quais os dois principais são, incontestavelmente, a revolução científica e técnica e as tendências gerais à democratização de sociedade e do ensino. Ocorre que, no caso, o destino de uma reforma e seus resultados efetivos não são apenas função da finalidade que a anima nem da adequação das novas estruturas administrativas e escolares postas a serviço desses fins: e outra vez, na maioria dos casos, dos métodos pedagógicos empregados dependem os êxitos, e ainda as melhores das planificações permanecem sem futuro enquanto não passam por uma profunda transformação metodológica ao mesmo tempo que teleológica. Daí por que as questões prévias examinadas até aqui quanto à formação do espírito científico sob o duplo aspecto lógico-matemático e experimental, ou mesmo técnico, não constituem simples questões de introdução mas condicionam, cada vez mais de perto, o dinamismo efetivo das reformas e das planificações.

Os dados quantitativos

O primeiro fato essencial é a tendência, em todos os países novos, para introduzir ou para generalizar o princípio da escolaridade obrigatória; e, nos que já a aplicam, a prolongá-la na medida do possível. Assim é que na França a reforma de janeiro de 1959 previa uma instrução "obrigatória até a idade de 16 anos completos para as crianças de ambos os sexos, francesas e estrangeiras, que atingirão a idade de 6 anos a partir de 1 de janeiro de 1959". No mesmo ano a escolaridade obrigatória de 7 a 8 anos foi introduzida na U.R.S.S. – Ucrânia e Bielo-Rússia. Os planos preveem 9 anos na República Federal da Alemanha, 10 anos na Itália etc.

A esta extensão da escolaridade obrigatória corresponde naturalmente um conjunto de medidas tendentes a atender igualmente a gratuidade do ensino e a multiplicar as bolsas de estudos. A gratuidade, já corrente no nível do primeiro grau (com generalizações frequentes ao material escolar e ao transporte dos escolares) tende a generalizar-se no nível secundário e já começa a ser adotada nos estabelecimentos superiores. Na U.R.S.S., por exemplo, o ano de 1956 assistiu à supressão dos direitos de inscrição nas classes adiantadas das escolas de segundo grau, nas escolas secundárias especializadas e nas de nível superior: os estudos são agora, portanto, inteiramente gratuitos em todos os estabelecimentos escolares daquele país.

Mas, sem falar das discriminações raciais que subsistem ainda em certas regiões, a desigualdade de sexo permanece um obstáculo, em muitos países, à extensão do ensino. Em 1952, a Conferência Internacional de Instrução Pública achava que deveria ser voltada uma recomendação aos ministérios sobre "O acesso das mulheres à educação", exigindo, entre outras coisas, igualmente na duração da escolaridade obrigatória, na gratuidade do ensino e no sistema de bolsas, alocações familiares ou uma diminuição nas despesas de estudos etc., permitindo, por conseguinte, o prosseguimento dos estudos no ensino secundário, profissional, técnico e superior. Posteriormente houve progresso a este respeito, mas nem sempre se pode lançar mão dos estudos detalhados mandados realizar pela Conferência no que diz respeito ao estado real dos problemas e aos remédios propostos.

Apesar destes *handicaps*, felizmente não gerais, a carreira à educação não fez mais do que ampliar-se. No nível do primeiro grau, os alunos do ensino pré-escolar aumentaram de 6 a 7% ao ano entre 1956 e 1959 nos países que enviavam seus relatórios ao Bureau Internacional de Educação, e os do ensino primário cresciam de 6 a 8% em média, ao ano, entre 1959 e 1963, alguns chegando a atingir de 11 a 12%. Dos 64 países que forneceram os dados quantitativos sobre o ensino secundário, 59 estão em aumento e apenas 5 em diminuição. De 1959 a 1963 constata-se um crescimento médio de 10,5 a 13,7% ao ano (o quadriênio seguinte começando nos 18,6%). O ensino profissional possibilita constatações análogas e os estudantes do ensino superior aumentam em proporções que variam, segundo os países, entre menos de 7% (primeiro quadriênio) e mais de 17,6% (quarto quadriênio).

É inútil insistir no fato de que tais crescimentos implicam uma modificação contínua dos orçamentos destinados à Instrução Pública. Tais orçamentos são constantemente insuficientes, principalmente para o ensino superior (de onde os Centros Nacionais de Pesquisa Científica, que recebem o auxílio, por prestações, das Faculdades), mas estão em constante aumento: em 1963 a sua taxa era inferior a 9% para o primeiro quadriênio (em 87 países) e de mais de 18,25% para o quarto quadriênio.

Um outro índice material desse movimento geral é o número das novas construções escolares. Toda comparação é aqui difícil, mas a título de exemplo (sempre segundo os relatórios recebidos pelo Bureau Internacional de Educação), a França anunciava, em setembro de 1961, ter aberto 13.915 salas de aula para os dois primeiros graus, a Polônia construiu 4.221 salas de aula para as classes primárias em 1962 e o Canadá, mais de 8.000 salas de aula para as suas províncias.

Ao contrário, nem o recrutamento nem a formação do pessoal docente possibilitaram constatações quantitativas comparáveis às

PSICOLOGIA E PEDAGOGIA 77

precedentes. Voltaremos a este problema central, de que depende, em definitivo, todo o futuro do ensino (capítulo 8).

A planificação da educação

Esta extensão maciça do ensino é, ao mesmo tempo, o reflexo das profundas transformações ocorridas no pós-guerra de 1945, que levaram a reformas de estruturas e programas educativos, e a causa permanente ou mesmo o acúleo que obrigou numerosos Estados a pensar em tais reformas numa perspectiva de futuro, isto é, a dedicar-se às planificações.

A necessidade de tudo reconstruir nos países devastados, as mudanças de regime político ocorridas em numerosas nações, a divisão do mundo em blocos políticos e as tendências correlativas de reagrupamento e de unificação, as transformações ora benfazejas ora catastróficas da técnica e as profundas mudanças econômicas e sociológicas que se manifestaram paralelamente, os conflitos, enfim, que resultaram de tudo isto entre as tradições culturais e a necessidade das readaptações, todas estas causas reunidas e interdependentes em diversos graus se traduziram, naturalmente, por meio das reformas da educação. Às vezes admiramo-nos de que os Estados, tendo tantos problemas para resolver, pensem sempre, e com urgência, nas reformas escolares. Contudo, a vida social dos seres humanos repousa essencialmente na formação das novas gerações pelas precedentes, isto é, uma transmissão exterior ou educativa e não interna ou hereditária, e a primeira preocupação de um regime que pretende se instaurar e se manter é cuidar dessa formação escolar, ou seja, adotando o meio mais direto à sua disposição, e que sobretudo influencia a educação pela família.

Assim é que, comparando o número das reformas totais ou parciais anunciadas pelos Ministérios de Instrução Pública em seus relatórios anuais com o do Anuário Internacional de Educação, pode-se constatar que as reformas que eram feitas por 43 a 72% dos países (de 35 a 61 unidades nacionais) entre 1933 e 1938 caíram a

28-45% durante a guerra e atingiram de 84 a 98% dos países (de 41 a 75) entre 1946 e 1960.

Mas as reformas são uma coisa (voltaremos a elas no capítulo 6), e a planificação é outra. A partir do momento em que o aumento dos efetivos escolares não é mais simplesmente proporcional ao aumento da população, e que um conjunto de medidas são tomadas por motivos de justiça social ou sob a pressão de fatores econômicos a fim de prolongar a escolaridade obrigatória e favorecer por todos os meios o acesso às formas de ensino não obrigatórias, é mister pensar no futuro e não mais considerar as melhores estruturas do momento presente como devendo necessariamente continuar como tais dentro de um determinado prazo, breve ou remoto.

Sem dúvida, tem-se procurado sempre prever o desenrolar dos acontecimentos e não há governo que, ao elaborar, por exemplo, o orçamento das construções escolares, não tenha feito seus cálculos pensando em alguns anos adiante. Mas a grande novidade nas civilizações do pós-guerra (salvo na U.R.S.S., onde o regime já comportava planificações de conjunto) foi a defrontação com situações tão móveis e, em muitos campos, acelerações tão imprevistas e em parte imprevisíveis que as autoridades escolares acabaram por admitir, mais ou menos tímida ou corajosamente, segundo os casos, a necessidade de um ajustamento funcional, requerido como tal, e não mais simplesmente automático ou aleatório das estruturas de ensino às carências da sociedade.

Até esta época, supunha-se certamente estabelecido um inventário das profissões possíveis e, de acordo com os corpos profissionais e de ofício, elaboravam-se os programas necessários a todas as formações. Mas, isto feito, imaginava-se, em virtude de uma concepção otimista da finalidade social ou de uma generalização das leis da oferta e da demanda própria à economia liberal, que a repartição dos indivíduos nas diversas escolas responderia em grandes linhas aos fins esperados, isto é, que uma espécie de adaptação estatística ou de seleção automática bastaria para fazer corresponder os quadros escolares e seus conteúdos a todas as exigências sociais.

PSICOLOGIA E PEDAGOGIA 79

Quando o ministro francês Jean BERTHOIN exclamou: "Formam-se dois literatos para três cientistas, quando precisamos de sete cientistas para um literato", ele denunciava de fato a inutilidade de uma tal visão das coisas e se referiu, virtualmente e em princípio, a outras informações diferentes daquelas que só as autoridades escolares dispõem. Na verdade, como saber se a necessidade de "cientistas" tem esta ou aquela proporção? Se o ministro da Educação o afirma, é que consultou economistas, sociólogos, técnicos ou peritos e, superando as questões de programas internos, se manifesta do ponto de vista dos planos implícitos ou dos movimentos futuros da sociedade inteira.

Foi de tais considerações que nasceu a corrente de "planificação", a qual se desenvolveu com mais ou menos força em um grande número de países no decorrer dos últimos anos. Não se trata, naturalmente, de impor aos alunos as suas futuras profissões em função das necessidades nacionais, se bem que, em certos países, o número de bolsas e de vagas disponíveis nos estabelecimentos que preparam para esta ou aquela especialidade (um instituto de psicologia, por exemplo) seja estritamente determinado e leve, de fato, a uma seleção planificada. O problema é, pelo contrário, prever um desenvolvimento suficiente das escolas de todos os tipos e de todos os níveis, levando em conta, quanto ao seu número e à sua qualidade por categorias respectivas e por subcategorias ou seções, as necessidades atuais e futuras da sociedade. Uma vez feita esta planificação, podendo-se permanecer global ou entrar no detalhe das etapas a percorrer e dos prazos de realização (planos de 5 a 10 anos etc.), tratar-se-á então, para ajustar os efetivos de alunos aos quadros preparados, de prever sistemas bastante flexíveis de orientação (ciclos de orientação etc.) e uma mobilidade escolar suficiente para que as escolhas individuais e a seleção não dependam mais simplesmente das tradições de família, da fortuna dos pais, das rotinas e preconceitos de todos os tipos, mas das aptidões de cada um e das perspectivas objetivas do futuro.

O capítulo 6 será consagrado a essas reformas de estruturas e a esse ajustamento dos programas. Comecemos lembrando as gran-

80 JEAN PIAGET

des linhas das tentativas de planificação, das quais se ocupou, entre outras, a Conferência Internacional de Instrução Pública, em sua sessão de 1962.

Na verdade, se em todo lugar se fala de planificação da educação, o próprio fato de que este tema esteja em moda tem como resultado as inflações semânticas habituais, isto é, a palavra é tomada em todas as espécies de sentidos e, para não se parecer atrasado, acaba-se por utilizar o vocábulo para simples programas em longo prazo, quando não em puros projetos de reformas ou planos de expansão de escolas, sem nenhuma modificação de estruturas. É, portanto, prudente não falar de planificação senão nos países que tenham criado um serviço especial de planificação educativa no Ministério de Instrução Pública (uns 20 países) e naqueles em que a planificação educativa esteja subordinada às instâncias superiores encarregadas da coordenação e da planificação geral das atividades do Estado (18 países). Naturalmente, acrescentam-se aí os casos em que, sem estar de posse de órgãos especializados permanentes, os ministérios confiam a comissões a tarefa de realizar estudos ou de fazer proposições: foi o método utilizado pela França, com sua "Comissão de equipamento escolar, universitário e esportivo" (Comissão Le Gorgeu), encarregada de estudar as perspectivas da educação até 1970, e pela Província de Quebec, no Canadá, com sua Comissão Parent.

No plano internacional, a própria Unesco criou, em fins de 1964, sob a iniciativa de M. MAHEU, um escritório de planificação da educação, cujo diretor depende diretamente do subdiretor-geral encarregado da Educação e não dos dois Departamentos do ensino escolar e superior e da educação de adultos.

As repúblicas populares concebem naturalmente a planificação educativa como subordinada aos "planos" gerais que determinam o conjunto das atividades da nação. O resultado disso é uma predominância dos planos em longo prazo, algumas vezes quinquenais, mas que se prolongam por 10 anos na Bulgária e por 20 anos na Bielo-Rússia, Polônia etc.

Contudo, é interessante notar que países cujos regimes políticos são bem diferentes muitas vezes elaboram planos de educação de

PSICOLOGIA E PEDAGOGIA 81

prazo semelhante (se bem que geralmente quinquenais) e insistem cada vez mais na necessidade de coordená-los às perspectivas sociais, econômicas e técnicas. Sob este ponto de vista, a colaboração dos educadores com economistas, sociólogos, técnicos ou representantes das ciências exatas e naturais é retomada não só na elaboração dos planos, mas em sua aplicação ou mais precisamente no controle de seus resultados. A insuficiência de estatísticas precisas e, sobretudo, cientificamente elaboradas foi muitas vezes apontada como um obstáculo sério a essas diversas etapas, e a recomendação votada pela Conferência da Instrução Pública em 1962 contém um artigo (31) significativo sob este ponto de vista: "Convém utilizar tudo o que é possível para fazer progredir as técnicas de avaliação qualitativa e quantitativa que permitam uma verificação sistemática dos resultados obtidos, verificação esta que deve facilitar a elaboração de planos posteriores."

Pode-se esperar que desses múltiplos estudos saiam não só os melhoramentos desejados quanto à adequação das diversas formas de ensino às necessidades da vida social, mas também progressos em direção a uma pedagogia científica, condição *sine qua non* para qualquer solução dos problemas em suspenso, quer digam respeito à sociologia da educação, quer à psicopedagogia.

Quanto a esta adequação às necessidades sociais, a característica comum dos múltiplos "planos" de que o Bureau Internacional de Educação pôde tomar conhecimento, quando da sua preparação para os trabalhos da Conferência de 1962, foi a de manifestar "uma tendência muito nítida e muito geral para desenvolver e aperfeiçoar o ensino técnico, profissional e científico, seja no nível do ensino secundário, seja no nível do ensino superior...: aumento do número de escolas técnicas e profissionais, estudos com vistas à revisão de seus programas, atenção dispensada nas universidades às faculdades que formam engenheiros e especialistas no campo das ciências aplicadas" (*La Planification del'Education,* B.I.E. – Unesco, pp. XIII-XIV). Ora, quando se sabe o quanto a ciência aplicada é tributária da chamada pesquisa pura ou "fundamental" e quanto a formação dos pesquisadores exige de reformulação de nossa educação tradicional, é na verdade todo o problema do ensino científico que se levanta em primeiro plano pelos esforços atuais da planificação.

A formação dos quadros técnicos e científicos

Enquanto os esforços de planificação pareciam, em seu início, dever tratar apenas de questões de fins e de estruturas, a ênfase colocada assim, pela colaboração interdisciplinar dos planificadores, na importância dos quadros técnicos e científicos levanta, quer se queira quer não, as questões de programas e da própria metodologia, longe das quais os "planos" permanecem formais: determinar o número de anos de estudo necessário para tal formação só tem sentido se há informação sobre seus detalhes quanto à assimilação efetiva dos conhecimentos em jogo e, sobretudo, quanto ao desenvolvimento das aptidões para pesquisa, de adaptação prática ou experimental e mesmo de invenção.

Também, uma das mais longas Recomendações da Conferência Internacional de Instrução Pública (e não existe aí um acaso), que se refere às "Medidas destinadas a facilitar o recrutamento e a formação dos quadros técnicos e científicos" (1959), passa insensivelmente das questões de planificação às de metodologia. No que se refere às primeiras, esta Recomendação pede sobretudo que os órgãos encarregados especialmente desse estudo, em colaboração com pesquisadores, engenheiros, técnicos e operários qualificados, tenham um caráter permanente (artigo 2) de maneira a levar em conta as contínuas modificações da situação. Além disso: "É conveniente que as estruturas escolares, concebidas para responder às novas exigências da formação técnica e científica, sejam bastante flexíveis para poderem adaptar-se à rápida evolução da ciência e da técnica" (artigo 8). Quanto às questões de estrutura, a Recomendação preconiza sobretudo a criação "de estudos de especialização mais profunda nos níveis pós-secundário e pós-universitário, bem como a introdução de um doutorado técnico" (artigo 28).

PSICOLOGIA E PEDAGOGIA 83

No que se refere às questões de métodos, a Recomendação destaca, como foi lembrado mais acima, a importância dos processos ativos próprios para desenvolver o espírito experimental (artigo 34) e pede, o que é bastante novo, "a colaboração constante entre mestres e homens de ciência" (artigo 36) no aperfeiçoamento dos dispositivos pedagógicos. Se esta colaboração é comum no campo matemático, o desejo de que ela se manifeste também no âmbito da formação técnica e da educação do espírito experimental pode levar a consequências bastante revolucionárias. Foi visto, com efeito, o quanto a escola tradicional, inteiramente centrada no verbo e na transmissão oral, havia negligenciado este aspecto da formação intelectual, e como certos físicos tinham tomado a peito o problema, até se debruçarem sobre os inícios da formação experimental na escola primária. Se as tentativas de planificação chegam a impor uma tal maneira de ver – e ela será tomada tanto mais a sério quando os pedagogos estejam apoiados pela autoridade dos pesquisadores e dos técnicos –, terão realizado a revolução mais decisiva esperada pela escola contemporânea.

Insiste-se sempre, e a Recomendação cuida de não esquecê-lo (artigo 40), na necessidade de manter disciplinas de cultura geral no ensino técnico e científico. Contudo, a recíproca é verdadeira, e seria preciso reservar nas sessões literárias uma parte suficiente para a formação do espírito experimental, pelo menos no campo psicológico (ou psicofisiológico), mas com controle ativo suficiente para fazer compreender a extrema complexidade de questões aparentemente as mais simples. A iniciação aos métodos de verificação e o desenvolvimento de um espírito ao mesmo tempo construtivo e crítico fazem, de fato, parte do novo humanismo que caracteriza a cultura em transformação, e é isto o que sonham os educadores que, além das separações inevitáveis, querem preservar uma certa unidade de formação.

O ensino profissional

Uma outra manifestação extremamente generalizada das mesmas tendências é aquela que, em numerosos países, se traduziu numa re-

84 JEAN PIAGET

formulação do ensino profissional. Duas exigências complementares foram impostas nesse sentido: de um lado, uma ampliação desta forma de ensino, de maneira a nele englobar uma preparação escolar, teórica e sobretudo prática, compreendendo o maior número de profissões possíveis e não somente aquelas cuja especialização técnica exigisse desde longo tempo uma tal formação escolarizada; de outro lado, um enriquecimento interno dos programas concebidos, de maneira a fornecer aos futuros profissionais uma cultura geral aumentada, tendendo mesmo a reunir um vasto fundo comum a todas as formas de ensino de nível secundário.

Como exemplo destas duas tendências, podemos citar a ampliação do ensino profissional na Polônia. Este ensino compreende três modelos principais: as escolas profissionais de primeiro grau, preparando operários qualificados e trabalhadores equivalentes (503.062 alunos em 1962-3, aumento de 18,8% em 1963-4) e escolas neste nível adjuntas às empresas (89.901 alunos em 1962-3, aumento de 50,40% em 1963-4!); escolas técnicas e profissionais de segundo grau que preparam, para o nível médio (certificado de maturidade), trabalhadores nos mais diversos ramos da economia nacional (543.580 alunos em 1962-3, aumento de 15,3% em 1963-4) e escolas para trabalhadores já contratados (curso noturno e por correspondência: 202.441 alunos em 1962-3, aumento de 11,5% em 1963-4); finalmente, escolas de preparação agrícola (87.531 alunos em 1962-3, aumento de 10,8% em 1963-4).

Ora, essas escolas profissionais de primeiro grau correspondem a 199 profissões repartidas em 18 grupos e as de segundo grau a 203 especializações repartidas em 21 grupos. "O número de profissões e especializações relacionadas à mecanização do trabalho e à automação da produção está em grande aumento; as indústrias de importância fundamental predominam, como as minas, a metalurgia, a indústria química, a indústria da maquinaria e a indústria eletrotécnica" (*Rapport du Ministère* ao B.I.E. para 1963-4, p. 32).

Mas, acrescenta este relatório, "além da função que consiste em preparar os alunos para um trabalho qualificado, a escola profissional sempre se atribuiu como objetivo e sempre realizou o completo

PSICOLOGIA E PEDAGOGIA 85

desenvolvimento do homem. Na medida do progresso das relações socioeconômicas, realização deste axioma ganha cada vez mais importância" (p. 31). Acrescentemos que, reciprocamente, nos países do Leste há uma tendência cada vez maior para pedir a cada aluno de ginásio, tanto das secções literárias como das científicas, que faça um estágio em uma indústria qualquer, de modo a se iniciar nos problemas da técnica e da produção. Nos países do Ocidente, a multiplicação do número de escolas profissionais é igualmente notável. O problema da cultura geral comum é de regra resolvido através do sistema dos ciclos de orientação; todos os alunos passam por uma escola de nível médio, de onde são dirigidos seja para os colégios, seja para as escolas profissionais: é o problema geral das reformas de estrutura, do qual trataremos agora.

6

AS REFORMAS DE ESTRUTURA, OS PROGRAMAS E OS PROBLEMAS DE ORIENTAÇÃO

A extensão geral do ensino, da qual o capítulo precedente mostrou o caráter explosivo, efetuou-se ao mesmo tempo no sentido longitudinal de uma prolongação da escolaridade obrigatória e de um acesso facilitado aos níveis secundários e superiores, e no sentido transversal de uma diferenciação maior entre as formas de ensino e de uma multiplicação do número de escolas técnicas e profissionais.

Uma tal situação, de fato ou prevista pelos "planos", levanta três problemas para os quais não se deixou de procurar soluções: o da unidade da cultura ou de um fundo comum de formação; o da mobilidade escolar (correlata à mobilidade social em geral) ou da possível passagem de uma secção a outra, portanto das mudanças eventuais de orientação no decorrer dos estudos à medida que se revelam as aptidões ou que são precisadas as situações; e o dos procedimentos utilizados para facilitar esta orientação e fundamentá-la em dados objetivos e não somente em estimativas por vezes ilusórias (quer se trate dos alunos, dos pais e, ocasionalmente, dos exames).

Por baixo desses problemas maiores, tratados em quase todos os países, subsiste uma questão, que não tem nada de menor senão no sentido de que foi menos estudada: o desenvolvimento ininterrupto

PSICOLOGIA E PEDAGOGIA 87

dos conhecimentos e das técnicas e o desejo de considerar todas as correntes sem negligenciar um tronco comum de cultura geral acabam, na maioria dos casos, numa sobrecarga insuportável dos programas, que finalmente pode prejudicar a saúde física e intelectual dos alunos e atrasar sua formação na medida em que se deseja acelerá-la ou aperfeiçoá-la. Este problema de excesso de trabalho escolar, que inquieta, às vezes mais os meios médicos (o Centro Internacional da Infância, por exemplo) e psicológicos do que as autoridades pedagógicas, está, no entanto, ligado à questão central de estabelecer se a escola nunca ensina nada de inútil, principalmente se a ênfase é colocada nas faculdades de iniciativa e de invenção mais do que na acumulação de um saber à disposição em todos os manuais. E o problema reverte no dos exames, principalmente naqueles países em que vigora o regime dos concursos e onde os indivíduos mais dotados e mais úteis à sociedade podem perder meses ou anos, numa idade em que, precisamente, neles se coordenam as ideias novas que orientarão sua carreira futura.

A educação pré-escolar

O sentido das reformas de pós-guerra, em atenção aos grandes problemas lembrados há pouco, é em geral o de propor um tronco comum inicial, até 11 ou 12 anos (às vezes até mais), seguido de um ciclo de orientação no decorrer do qual são decididas as especializações. Esta idade de 11 a 12 anos é bem escolhida, pois em nosso meio é a idade em que psicologicamente a criança ultrapassa o nível das operações concretas (classes, relações, números etc.) para atingir a das operações proposicionais ou formais que lhe permitem fazer hipóteses e raciocinar na direção do possível; portanto, de se liberar do dado imediato na direção de interesses e de projetos que revelam cedo ou tarde as suas verdadeiras aptidões.

Mas em que nível se inicia o tronco comum e a escolaridade propriamente dita? Em geral, por volta dos 7 anos, e esta idade também é escolhida com acerto, pois corresponde ao início da constituição

88 JEAN PIAGET

das operações concretas. Mas, antes disso? E como se pode favorecer a formação desses instrumentos intelectuais de base?

A educação pré-escolar ("maternais" ou outros qualificativos) ainda dá lugar a modos de organização muito variáveis segundo os países, mas tende nitidamente a se generalizar. Nos Estados Unidos da América este tipo de escolas acolhe cerca da metade das crianças pequenas; em Ontário (Canadá), 1.650 escolas públicas ou particulares possuem pelo menos uma classe maternal, enquanto na província de Quebec o Relatório Parent, que é um dos mais interessantes ensaios de planificação ou de reforma, exige a sua generalização.

É o que a Conferência Internacional de Instrução Pública já havia pedido em 1939: "A educação pré-escolar, que se dirige à criança durante o período que precede a idade da escolaridade obrigatória, deve constituir uma das preocupações das autoridades escolares e torna-se acessível à maioria das crianças."

Certamente, existem para isso razões econômicas, já que a generalização do trabalho da mulher não pode deixar de levar a medidas destinadas ao cuidado e à educação das crianças pequenas durante as horas desse trabalho.

Contudo, acrescentam-se aí razões psicológicas às quais se dá cada vez mais valor, e é útil destacá-las, pois aí está uma das questões cuja solução depende muito do estado dos conhecimentos e dos trabalhos sobre o desenvolvimento da criança. Dentro da perspectiva de que se poderia considerar a inteligência como oriunda essencialmente do jogo das percepções ou sensações, uma "educação sensorial", cujo modelo foi fornecido por FROEBEL e seus muito conhecidos exercícios, poderia parecer que responderia mais exatamente às necessidades da escola maternal. A senhora MONTESSORI retomou este princípio, acrescentando a ele (graças à sua intuição, mas sem teorizá-lo) uma boa dose de ação, canalizada porém, de antemão, por um material já completamente montado. Ora, sabemos hoje que a inteligência procede, antes de mais nada, da ação e que um desenvolvimento das funções sensorimotoras no pleno sentido da livre manipulação, tanto quanto da estruturação perceptiva favorecida por esta manipulação, constitui uma espécie de propedêutica indispensável à formação intelectual propriamente dita.

Sem dúvida, a esse respeito, a criança normal se desembaraça por si mesma em qualquer emergência. Mas, conhecendo em detalhe essa evolução, pode-se favorecê-la muito, sendo este um dos papéis que se atribui à educação pré-escolar quando ela pode apoiar-se em dados precisos.

É dentro deste espírito que a Recomendação dos Ministérios, em 1939, preconiza que o ensino pré-escolar "se limite a uma educação sensorimotora" e que seja reservado ao ensino primário "o aprendizado sistemático da leitura, da escrita e do cálculo". Mas ela precisa que, com um material adequado e fazendo suficiente apelo à atividade espontânea, essas manipulações sensorimotoras levam à "aquisição das noções numéricas e das formas". Acrescentaremos que, além desse início das intuições numéricas e espaciais, a atividade própria deste nível prepara as operações lógicas por si mesmas, enquanto a lógica repousa na coordenação geral das ações antes de ser formulada no plano da linguagem.

Mas o obstáculo a este desenvolvimento da educação pré-escolar, tão desejado em muitos meios (especialmente o francês) porém pouco compreendido em outros, é que, naturalmente, quanto mais se apela para as atividades espontâneas das crianças, mais isto supõe uma iniciação psicológica. Ora, é bem mais fácil enquadrar os indivíduos mais jovens em jogos ou exercícios totalmente dirigidos pela professora – e quanto menos esta é formada, menos compreende o que perde por ignorância psicológica. É, portanto, com razão que a mesma Recomendação expressa o desejo de que (artigo 17): "A formação de professoras das classes pré-escolares deve englobar sempre uma especialização teórica e prática que as prepare para a sua tarefa. Em nenhum caso essa preparação deve ser menos aprofundada que a do pessoal do ensino primário." Daí as consequências que se esperam em relação às nomeações e vencimentos (artigos 19-20).

Pedimos desculpas por lembrar as verdades primordiais sobre as grandes reformas do pós-guerra, mas, na medida em que estas enfatizam a formação do espírito experimental e científico, não há nenhuma razão para negligenciar as condições, aparentemente mais modestas, desta formação, e educadores de nível "superior" fariam bem em entrar em contato com os físicos de profissão que, nos Estados Unidos, não tiveram receio de descer até as classes menores das *nursery-schools* para aperfeiçoar seus métodos de iniciação.

As reformas de estrutura nos níveis do primeiro e do segundo grau

O projeto LANGEVIN-WALLON continua sendo um modelo de plano de reforma integral. Fornecido ao Ministério da Educação Nacional em 1944, previa: (1) um ensino obrigatório dos 6 aos 18 anos comportando três ciclos, (a) um ciclo elementar dos 6 aos 11 anos, comum a todos os alunos, (b) um ciclo de orientação dos 11 aos 15 anos com especializações progressivas, mais a possibilidade de passagem de um tipo de ensino para outro, e (c) um ciclo de determinação dos 15 aos 18 anos com três secções, prática, profissional e teórica, (2) um ensino propedêutico (dos 18 aos 20 anos) e (3) um ensino superior.

Este projeto nunca foi aplicado. Retomaram-no com muitas semelhanças M. DEPREUX, depois Y. DELBOS e, em 1953, A. MARIE, que introduziu no ciclo 1 *c* a ideia de dois ensinos paralelos, um "curto" e outro "longo". Em 1955, o projeto de M. BERTHOIN diminuía o tempo de ensino obrigatório para 16 anos e propunha *a*) um programa comum dos 6 aos 11 anos, *b*) um ciclo de orientação dos 11 aos 13 anos, e *c*) um ciclo dos 13 aos 16 anos com quatro secções: geral, profissional, terminal e superior. O projeto BILLIÈRES, em 1956, tinha pouca diferença deste.

A 6 de janeiro de 1959 surgiram um regulamento (59-45), prolongando a escolaridade obrigatória até 16 anos, e dois decretos (59-57 e 59-58) prevendo a reforma do ensino médio (*baccalauréat*). Em 1960 foram tomadas medidas de aplicação das quais resultou a criação, no final do ciclo elementar dos 6 aos 11 anos, de um ciclo de orientação dos 11 aos 13 anos com classes "de passagem" ou de "acolhimento" assegurando as possíveis transferências de um tipo de ensino para outro e mantendo a continuidade da orientação. No término do ciclo de orientação, três vias estavam abertas: o ensino geral, o profissional ou o terminal.

Naturalmente, esta reforma foi julgada ou excessiva (a Société des agrégés viu nela "a morte do ensino secundário") ou insuficiente (Roger GAL só encontra aí um compromisso: "Estamos sempre à espera de uma verdadeira reforma.").

Em agosto de 1963 um novo decreto dividiu o ensino de segundo grau em dois ciclos, o primeiro dos 11 aos 15 anos, durante o qual se procede à orientação (início a partir do fim do primeiro trimestre) e o segundo dos 15 aos 18 anos. O primeiro compreende secções paralelas e próximas com passagens transversais possíveis: secções de cultura geral, clássicas, modernas (I e II, segundo o número de línguas) e secções que preparam para o ensino profissional (e profissional agrícola). O segundo engloba as possibilidades de um ensino reduzido (geral ou técnico) ou longo (acabando no bacharelado de filosofia ou de ciências). Os colégios polivalentes são chamados "colégios de ensino secundário".

A ideia de um ciclo de orientação triunfou e atualmente está em experiência em outros países – por exemplo, no cantão de Genebra, onde são previstos três anos para a organização sucessiva das três classes desse ciclo, compreendidas entre os 12 e os 15 anos, fazendo a ligação entre os ensinos primário e secundário superior.

A título de comparação, podemos citar a reforma iugoslava, que se escalonou em vários anos depois do envio de peritos a países estrangeiros e um convite a dois peritos da Unesco. A escola primária é obrigatória entre os 7 e os 15 anos. Depois disso o aluno passa por ginásios ou escolas profissionais, mas com transferências possíveis de uns para outros. Os ginásios possuem duas secções, uma de ciências sociais e de línguas, outra de ciências naturais e matemáticas, mas com ramos gerais, comuns a todos os alunos, e facultativos e opcionais. O ensino profissional prevê um sistema flexível de combinações de formações escolares e extraescolares, de modo a assegurar a elasticidade desejada na constituição dos quadros. O ensino universitário (compreendendo todas as escolas superiores) prevê um primeiro ciclo de 2 anos para a formação profissional superior, um segundo de 4 ou 5 anos correspondendo às formações universitárias habituais e um terceiro consagrado às especializações da pesquisa científica. A entrada na universidade não está mais subordinada a um bacharelado, mas a um exame de fim de estudos secundários.

O sistema iugoslavo está, portanto, destinado a produzir uma elite intelectual, ao mesmo tempo que suprime a antiga oposição entre as profissões julgadas superiores e inferiores e conserva uma elasticidade suficiente para assegurar a mobilidade (transversal) dos alunos e a adaptação às novas necessidades que podem surgir na vida econômica ou social.

Como podemos ver, existe, apesar das diferenças ideológicas e terminológicas, uma convergência certa entre esses tipos de reformas: a procura de um "tronco comum" no ponto de partida das diferenciações, o alargamento do leque dessas especializações nas direções profissionais ou técnicas e mobilidade nas passagens transversais. São as mesmas características encontradas nos projetos de reformas ainda não aplicadas, seja por causa das resistências conservadoras, seja porque são muito recentes. Dentre os últimos, o Relatório Parent, no Canadá francês, é particularmente inovador. Prevê, inicialmente, um ensino elementar de seis anos em que os três primeiros seriam consagrados, através dos métodos os mais ativos, à aprendizagem das técnicas de base, e os três últimos a uma iniciação aos métodos de trabalho pessoal e em equipe. Depois vem um ensino secundário polivalente de cinco anos, com a maior mobilidade nas opções, mas com as seguintes particularidades estruturais e metodológicas.

Em primeiro lugar, a escola elementar não deveria manter alunos de mais de 13 anos: a escola secundária receberia todas as crianças, sem distinção dos resultados obtidos, e para os mais fracos seria organizado um ano preparatório. As opções serão, dessarte, muito diferenciadas e comportarão vários ramos técnicos entre os quais

PSICOLOGIA E PEDAGOGIA 93

cada aluno deverá escolher pelo menos um durante todo o secundário, o que implica em oficinas apropriadas e uma regionalização do ensino. Em segundo lugar, a Comissão Parent não deseja que o silêncio e o imobilismo continuem sendo as grandes virtudes escolares. Os métodos serão, portanto, ativos em estreita conformidade com os dados da psicologia da criança, o que suporá uma preparação mais completa e mais científica do conjunto de professores (na universidade e em todos os graus) e, antes de mais nada, diz o relatório, um trabalho de equipe mais desenvolvido entre os próprios professores!

Mas, sobretudo, a Comissão Parent sugere a supressão dos exames, já que o objetivo da escola é a formação do aluno em seus métodos de trabalho e não o êxito de uma prova final que se baseia somente na acumulação momentânea de conhecimentos. O aluno será, assim, julgado com relação ao seu trabalho, e, depois de um ciclo de dois anos de formação geral e um ciclo de três anos com especializações mais aprofundadas, receberá um diploma de fim de estudos secundários descrevendo os resultados obtidos.

Entre este ensino secundário e as faculdades, está previsto um ensino "pré-universitário" de dois anos, aberto a todos e ministrado em institutos especiais, distintos da universidade e bastante polivalentes.

Os métodos de orientação e o papel dos psicólogos escolares

Além da utilidade evidente e inapreciável que apresentam do ponto de vista social, os ciclos de orientação já prestam o grande serviço pedagógico de colocar em novos termos o problema do exame dos alunos.

Dentro das concepções e estruturas anteriores cada aluno seguia um caminho bem determinado, mas escolhido muito cedo para levar em conta suas aptidões reais e para julgar as situações econômicas ou sociais em que seria exercida a profissão ou o ofício correspondente a esse ritmo de estudos. Em grandes linhas, a adaptação era suficiente e a conclusão dos estudos (ou a conclusão de cada um dos ciclos sucessivos) coroada pelo êxito dos exames finais, que versavam sobre um conjunto de conhecimentos adquiridos, alguns indispensáveis, outros destinados a desaparecer num esquecimento mais ou menos completo.

Mas em caso de insucesso ou falta de adaptação momentânea, dois problemas permaneceriam em suspenso. Um se colocava no término dos estudos, qualquer que fosse o nível: era o caso em que o aluno havia fracassado nos exames finais ou ainda o caso em que ele, tendo obtido sucesso, não encontrava, simplesmente, a situação profissional que lhe convinha. Por esse motivo foram organizados os serviços de orientação profissional, encorajados também por numerosas empresas privadas ou públicas que desejam escolher seu pessoal com conhecimento de causa e em função de aptidões relativamente determinadas. Os serviços de orientação profissional multiplicaram-se depois de 1935 e aperfeiçoaram sensivelmente seus métodos. A formação universitária dos orientadores tornou-se cada vez mais corrente e alguns institutos especializados, como o Instituto Nacional de Orientação Profissional, fundado em Paris por H. PIERON e dirigido depois de sua aposentadoria por M. REUCHLIN, atingiram um alto nível de metodologia científica, o que não é necessariamente o caso em todo lugar (na Suíça, por exemplo, o nível de formação dos orientadores e o valor científico dos serviços diferem consideravelmente de um cantão para outro e, ao lado de orientadores psicólogos, encontram-se outros que não dispõem senão de um conhecimento do mercado, de bom-senso e de algumas experiências retiradas ou não da psicologia, mas sem a formação que as torna utilizáveis).

Em segundo lugar, as estruturas pedagógicas anteriores aos ciclos de orientação deixam subsistir o problema da possível falta de adaptação dos alunos no decorrer mesmo de seus estudos. É sobretudo por esse motivo que foram organizados os serviços de psicologia escolar, pois ao lado dos casos de insucesso nítido em que o professor tem competência para desaconselhar o prosseguimento dos estudos ou para pedir uma mudança de escola (ainda ficaria por decidir se o insucesso é definitivo, e para isso uma análise psicológica detalhada seria altamente desejável), ocorre um número de desadaptações momentâneas, relacionadas com o caráter ou o intelecto, sobre as quais o professor deveria solicitar o concurso de psicólogos especializados nesse gênero de estudos e de exames sempre que houvesse tempo para isso. É claro, há ainda o médico escolar e pode acontecer que um médico psicólogo tenha mais valia, devido à sua polivalência, do que um psicólogo não médico; mas, quer sendo médico ou não, a psicologia pede uma preparação especial, longa e profunda, e a psicologia escolar supõe, além do mais, uma especialização particularmente aplicada.

Foram, portanto, organizados serviços de psicologia escolar, e, na França, teve-se a feliz ideia de confiá-los a especialistas qualificados por uma dupla preparação: uma pedagógica, completa (diploma e prática de ensino, o que, entre outras coisas, suprime a heterogeneidade e as tensões afetivas entre o professor e o psicólogo), e outra psicológica, não menos completa, seguida de uma preparação especializada.

Esses serviços resultaram num excelente trabalho, sobretudo na França – onde sua supressão momentânea no departamento do Sena foi bastante mal recebida – e, além de inúmeros sucessos práticos, possibilitaram a realização de estudos científicos interessantes (entre outros, sobre as nossas experiências relacionadas a operações lógico-matemáticas). A Conferência Internacional de Instrução Pública interessou-se pelo problema e os ministérios votaram, em 1948, uma Recomendação sobre "o desenvolvimento dos serviços de psicologia escolar". O artigo 3 precisa desta forma os objetivos perseguidos: "Identificação dos atrasados e dos mais dotados, readaptação das crianças difíceis, orientação e seleção do ensino, orientação pré-profissional, adaptação dos programas didáticos e controle de rendimento dos diferentes métodos pedagógicos em colaboração com os professores e as autoridades escolares."

Notar-se-á com interesse que esta recomendação não insiste apenas nos serviços esperados no domínio da psicologia individual ou diferencial, mas também nas questões relevantes da psicologia geral das funções intelectuais, da adaptação dos programas e do rendimento dos métodos. O artigo 7 retoma esta preocupação: "Que a psicologia escolar não se limite ao exame dos casos individuais, mas possa colaborar com o professor na análise do rendimento dos métodos pedagógicos utilizados, e na adaptação desses métodos ao desenvolvimento mental dos alunos." Tal era, portanto, o estado do problema quando foram organizados os ciclos de orientação. É claro que o funcionamento destes renova completamente os problemas, já que não se trata mais de, sobretudo, remediar desadaptações individuais, mas, ao contrário, assegurar de maneira contínua a adaptação de cada um com relação às múltiplas opções ou orientações possíveis. Em princípio, a orientação fica a cargo dos pais e mestres. No sistema francês, está previsto um "conselho de direção" formado pelo conjunto de professores que decidem sobre as proposições a sugerir aos alunos. Mas estas não têm caráter imperativo. Se elas são seguidas, o aluno entra diretamente na secção ou estabelecimento indicados. Se a escolha do pai difere das recomendações do conselho, o aluno tem o direito de se apresentar, mas deve submeter-se a um exame de admissão.

O decreto de 2 de junho de 1960, que punha em funcionamento a reforma de 1959, não menciona os psicólogos escolares a não ser no nível dos "conselhos departamentais", que reúnem os representantes dos diversos níveis de ensino, da Academia, dos pais, da orientação didática com um médico e um psicólogo escolar, e que tem por tarefa a realização da reforma ou a proposição das modificações desejáveis. Mas é evidente que, com o imenso trabalho de direção de que estão incumbidos os professores das classes iniciais do ensino secundário, o recurso aos psicólogos escolares só pode ser imperativo. Em Genebra, onde a experiência em curso se faz uma escala bastante reduzida, para permitir uma análise detalhada dos casos individuais, os psicólogos escolares funcionam com pleno rendimento e desempenham um papel necessário no diagnóstico e, sobretudo, no prognóstico relativo às aptidões e à orientação dos alunos.

PSICOLOGIA E PEDAGOGIA 97

A esse respeito os ciclos de orientação levantam em toda a sua acuidade e generalidade o problema, cuja importância é essencial para a pedagogia, dos métodos de avaliação do valor intelectual de um aluno e das aptidões que o caracterizam. A expressão "valor intelectual" deve ser tomada em sentido amplo, pois é evidente que um trabalho seguido, uma disposição inventiva etc., são ligados ao caráter, à regulação afetiva e ao comportamento social tanto quanto à inteligência, à imaginação e à memória: não é difícil, por exemplo, encontrar em meios científicos indivíduos que tinham tudo para vencer brilhantemente, salvo autodisciplina, desejo de realização ou de escolha etc. Quais são, pois, os métodos que permitem julgar e, sobretudo, prever o trabalho efetivo de um indivíduo e especialmente de uma criança ou um adolescente?

Observemos, inicialmente, que a idade de 11 a 13 anos para um ciclo de orientação é uma idade *mínima;* é apenas a idade do início das operações proposicionais ou formais, cujo plano de equilíbrio se constitui entre os 14-15 anos, de tal forma que muitos dos traços espontâneos só se manifestam depois. O prognóstico é, portanto, tanto mais delicado quanto mais jovem o aluno.

O primeiro método é a observação contínua do trabalho do aluno pelo professor. O valor deste julgamento é, naturalmente, proporcional ao valor do mestre, está em sua inteligência e em sua objetividade ou imparcialidade, sobretudo em sua capacidade de poder dissociar as qualidades permanentes das qualidades escolares. Bem melhor que o método dos exames, esta observação do trabalho do aluno constitui, pois, um dado essencial, e é confiando nele que eventualmente se propõe (como a Comissão Parent, no Canadá) a supressão dos exames. Entretanto, duas observações foram muitas vezes feitas nestes últimos anos. A primeira parece puramente formal, mas tem sua importância pedagógica: em vez de avaliar os resultados obtidos pelos alunos com notas em números (escala de 0 a 10 ou 20 etc.), certas escolas se regozijaram de tê-los substituído por apreciações qualificativas ("bem", "ainda um esforço mais" etc.), que se revelaram mais estimulantes e finalmente mais objetivas que as "médias", das

98   JEAN PIAGET

quais se sabe que o caráter numérico ou pseudomatemático é puramente simbólico.

Uma outra observação é mais grave: a avaliação do trabalho contínuo do aluno não é só relacionada ao professor, a quem se pode creditar confiança, mas aos métodos empregados neste trabalho. Na verdade, só num ambiente de métodos ativos pode o aluno dar seu pleno rendimento, enquanto em qualquer outra situação própria dos métodos receptivos o perigo é superestimar os fortes em tema e espírito escolares, sem perceber aquelas qualidades que não têm ocasião de se manifestar e que um exame psicológico detalhado poria em evidência. Um segundo método de avaliação é o dos exames escolares. Fala-se cada vez mais do papel nefasto dos exames no trabalho escolar, porque eles polarizam na consecução de resultados efêmeros e em boa parte artificiais a maior parte das atividades que deveriam ser consagradas à formação da inteligência e dos métodos de trabalho. Mas, mesmo a título de índices do valor dos alunos, eles deram lugar a críticas severas. Foi na França que nasceu a "docimologia" ou estudo científico da validade real dos exames, e H. PIERON, H. LAUGIER e muitos outros puseram em evidência a variabilidade, a arbitrariedade relativa e a pouca significação concreta das notas de exames. Além do mais, admissível em princípio se pudesse limitar-se a uma estimativa do grau de compreensão de uma matéria, o exame engloba fatalmente questões de memória, e de uma memória que em geral não tem relação com a que se utiliza com conhecimento de causa na vida, pois se trata, de fato, de uma acumulação provocada e momentânea, isto é, uma construção mental. O único exame sério seria, com a condição de neutralizar as perturbações afetivas, o que o candidato passaria com seus livros e seus papéis, realizando um trabalho em continuação àqueles que já oferecera; isto é, um prolongamento de seu trabalho quotidiano, o que reconduz ao primeiro método.

O terceiro método é o dos "testes" habituais, que dependem da psicologia escolar. Dir-se-á que se trata também de exames; mas, exames por exames, eles têm a vantagem de não serem prepara-

PSICOLOGIA E PEDAGOGIA 99

dos artificialmente pelo aluno, e, consequentemente, dão resultados muito mais estáveis, com convergência muito mais segura e objetiva entre os diversos examinadores. Por outro lado, o inconveniente está em que os testes medem apenas resultantes ou desempenhos sem atingir seu mecanismo funcional ou formador. Resulta daí que, válidos a título de diagnóstico, eles são insuficientes como instrumentos de prognóstico.

O quarto método consistirá então num exame psicológico qualificativo, quase apreendendo o funcionamento do pensamento do indivíduo e pondo em evidência as estruturas operatórias que ele chega a dominar. Apresentar-se-ão provas no decorrer das quais um problema colocado será progressivamente resolvido, o que dará ocasião à análise, permitindo comparações que se refiram a uma escala de desenvolvimento mais ordinal que métrica. Foi assim que, sob o impulso de M. REUCHLIN, o Instituto Nacional de Orientação Profissional organizou provas inspiradas em nossas análises operatórias, especialmente nos níveis da pré-adolescência e da adolescência.

De maneira geral, os serviços que a psicologia escolar pode prestar parecem tanto mais válidos quanto estejam apoiados numa psicologia mais geral e teoricamente mais bem estruturada. A psicologia muitas vezes deixou o certo pelo duvidoso ao procurar a aplicação e, em particular, a medida antes de compreender os mecanismos formadores e a significação dos fatores medidos. Nesse campo, e em analogia com muitos outros, pode-se dizer que não existe psicologia aplicada, mas que toda boa psicologia é suscetível de aplicação.

A elaboração dos programas primários e secundários

Tanto o desenvolvimento das disciplinas a ensinar (ver capítulo 3) quanto a ampliação contínua das secções de ensino com a mobilidade crescente permitida pelos ciclos de orientação impõem revisões ou reformas frequentes dos programas. Existe aí um problema de fato permanente, mas que se impôs com insistência no curso destes últimos anos, a ponto de a Conferência Internacional de Instrução Pública achar necessário votar duas Recomendações, em 1958 e 1960, sobre "a elaboração e a promulgação dos programas de ensino primário" e depois "... dos programas de ensino geral de segundo grau". Se citamos muitas vezes essas "recomendações", não é por um respeito exagerado por uma conferência anual da qual somos certamente em parte responsáveis, mas o capítulo seguinte terá ocasião de dizer que ela não poderia, de modo algum, ser substituída pelo trabalho coletivo de especialistas que estudam cientificamente as questões; isto porque, reunindo os delegados mandatários dos ministérios da instrução pública, ela é um reflexo exato certamente não da opinião pública e nem mesmo da dos corpos docentes encarregados, mas da opinião das autoridades escolares que detêm todo o poder de execução, uma vez que suas proposições são aprovadas pelos parlamentos.

Ora, essas recomendações 46 e 50 insistem, tanto uma quanto a outra, nos perigos dos programas muito ricos: "Convém substituir o enciclopedismo dos programas por noções essenciais." (*R.* 46, artigo 9) e: "A tendência muito frequente de sobrecarregar os planos de estudo e os programas, seja introduzindo matérias novas, seja desenvolvendo o conteúdo de cada disciplina em particular, apresenta um perigo real; para fazer face a este perigo é preciso que a introdução de novas noções seja compensada pela supressão de outras noções que tenham perdido sua importância... etc." (*R.* 50, artigo 20). Um ministro da Instrução Pública de certa república popular dizia-nos mesmo, um dia, que, para ele, a questão pedagógica internacional mais urgente era a da sobrecarga dos programas de ensino.

Mas como escolher as "noções essenciais" ao estudo, às quais deviam se limitar os programas escolares? As recomendações em questões preconizam que a elaboração e a revisão dos programas sejam confiadas a órgãos particulares nos quais estariam representados, evidentemente, os corpos docentes dos níveis considerados e os especialistas nas disciplinas em questão, mas que compreende-

PSICOLOGIA E PEDAGOGIA

riam também professores de outros níveis e de outras modalidades de ensino, para assegurar as ligações dos "especialistas em questão de didática" e dos psicólogos de crianças e adolescentes.

E no que se refere aos programas do segundo grau, a conferência interessou-se em precisar que "as instâncias encarregadas da elaboração dos programas devem prever uma etapa preliminar de documentação, considerando entre outras coisas: *a*) as características e o ritmo de desenvolvimento das crianças numa idade que é afetada pela crise da adolescência; *b*) os progressos científicos mais marcantes realizados nos diferentes campos que constituem as matérias de ensino; *c*) os dados novos da didática, tanto geral quando especializada; *d*) o grau de preparo científico e pedagógico dos professores encarregados do ensino; *e*) as tendências que regem a evolução cultural, social e econômica do mundo moderno; *f*) os estudos comparados relativos aos programas aplicados em outros países; *g*) o resultado das experiências realizadas neste sentido no próprio país e em outros países." (*R.* 50, artigo 28).

E a conferência insiste, pedindo que antes da promulgação definitiva dos programas eles sejam "submetidos a experiências cuidadosamente controladas, seja em escolas de tipo experimental, seja em estabelecimentos comuns... escolhidos para este fim". E por experiências controladas a conferência não considera esta espécie de experiências globais, com as quais se costuma contentar tão facilmente, mas sim as pesquisas detalhadas: "Dada a importância das pesquisas psicológicas em elaboração e a revisão dos programas de ensino do segundo grau, é desejável que se encoraje o prosseguimento de tais pesquisas em centros dotados de meios apropriados, associando a eles, na medida do possível, professores que se interessem por este tipo de pesquisa." (*R.* 50, artigo 27). E *R.* 46, artigo 15: "A pesquisa pedagógica de caráter experimental sendo chamada a desempenhar um papel primordial nos trabalhos de reforma e de revisão dos programas de ensino primário, será conveniente aumentar o número dos centros e de professores que se consagram a esta pesquisa, assim como os meios postos à sua disposição."

No que se refere à sobrecarga dos programas secundários, não é inútil lembrar um fator afetivo ou mesmo econômico do qual muitas vezes foi notada a influência ao serem comparados os sistemas de vencimentos dos professores especializados. Na verdade, cada um se atém a seu ramo por motivos múltiplos onde o ardor intelectual pode combinar-se com motivos de dignidade e posição na escola. Foi muitas vezes notado, portanto, que vencimentos calculados segundo a quota-parte exata do número de horas de ensino podem levar, cedo ou tarde, a um aumento do número destas horas, ao passo que vencimentos globais tornam mais fáceis certas modificações.

7

A COLABORAÇÃO INTERNACIONAL EM MATÉRIA DE EDUCAÇÃO

Um dos traços marcantes das transformações pedagógicas depois da última guerra mundial é a dimensão internacional que tomaram todos os problemas e o progresso de uma colaboração internacional nesse campo, já certamente esboçada entre 1925 e 1939 mas infinitamente reforçada entre 1945 e 1965.

É claro que a psicologia da criança e a pedagogia enquanto disciplina científica sempre foram internacionais por natureza, no sentido de que é impossível realizar pesquisas em qualquer país sem levar em conta o conjunto de pesquisas da mesma natureza feitas no mundo inteiro. Resulta daí que os trabalhos de um DEWEY, de um DECROLY ou de uma MONTESSORI influenciaram a educação em todos os países. Por outro lado, os pesquisadores em pedagogia organizaram, naturalmente, congressos internacionais, tais como os *Congressos de Educação Moral*, que se reuniam periodicamente e sobretudo constituíram grupamentos com congressos regulares, tais como a *Liga por uma nova educação*, animada muito tempo por Mrs. ENSOR, cujos trabalhos tiveram considerável importância e continuam ainda hoje.

Mas, fora da pesquisa ou do zelo propagandista dos partidários dos novos métodos, cada meio pedagógico permanecia mais ou menos fechado em seu território nacional e se, segundo as influências políticas, um pequeno país tendia a se inspirar nos métodos e nas estruturas educativas adotados por um grande, ninguém sonhava, e os grandes países ainda menos que os outros, com trocas de experiências ou com estudos comparativos que podiam facilitar as decisões a serem tomadas. Existia mesmo uma corrente não negligenciável que se opunha explicitamente a qualquer colaboração internacional em matéria de educação, sob pretextos de soberania nacional que atualmente nos parecem surpreendentes, mas de fato por razões que levavam em conta sobretudo a manutenção de certas posições tradicionais e filosóficas.

Atualmente, ao contrário, a cooperação internacional em matéria de educação tornou-se tão natural que, para dar apenas um índice, quase todas as recomendações votadas pelas reuniões anuais da Conferência de Instrução Pública têm uma seção inteira designada, conforme o caso, pelo título "Ajuda internacional mútua", "Colaboração internacional" ou "Aspectos internacionais do problema", quer se trate de financiamento, de acesso à educação nas zonas rurais, de construções escolares, de ensino de matemática, de ensino especial para débeis mentais, de problemas gerais, de planificação etc.

As etapas da colaboração internacional no terreno da educação

A corrente oposta a esta colaboração era tão forte no início da Sociedade das Nações que, apesar das proposições precisas de Léon BOURGEOIS, ela decidiu excluir de seu campo de ação as questões pedagógicas.

A reação a esta carência foi dupla. De um lado, o governo francês organizou e ofereceu à Sociedade das Nações, em 1925, um *Instituto Internacional de Cooperação Intelectual* cujas múltiplas atividades não puderam, de início, levantar o ostracismo que excluía a educação. De outro lado, o Instituto J.-J. Rousseau, então instituição privada em Genebra, decidiu a fundação de um *Bureau Internacional de Educação*, igualmente privado, mas que organizou

PSICOLOGIA E PEDAGOGIA 105

alguns congressos e em 1929 modificou sua estrutura de maneira a poder ter como membros governos ou ministérios de Instrução Pública. No momento dessa reorganização, três governos tomaram a iniciativa de uma adesão formal: o da Polônia, o do Equador e o da República e Cantão de Genebra (o governo federal suíço mantendo sua posição).

Entre 1929 e 1939, as atividades do Instituto de Cooperação Intelectual e do Bureau Internacional de Educação se orientaram de maneira complementar. O diretor-geral H. BONNET, desejando proceder por etapas em seu instituto, que dependia da Sociedade das Nações, conseguiu fazer com que se criassem, em um certo número de países, "Centros nacionais de documentação pedagógica", dos quais o Instituto internacional manteria a coordenação. O Bureau Internacional de Educação, cujos países-membros cresciam em número, numa progressão lenta mas bastante regular, organizava por seu lado, quando das assembleias anuais de seu conselho, uma apresentação e uma discussão de relatórios gerais dos ministérios de Instrução Pública representados nesse conselho, o que constituiu de fato, em 1932 e 1933, as duas primeiras conferências internacionais de Instrução Pública. A experiência revelando-se frutífera, uma terceira conferência internacional de Instrução Pública foi convocada em 1934, por intermédio do governo suíço, e aberta a todos os países-membros ou não membros do Bureau. Esta conferência, consagrada aos problemas da prolongação da escolaridade obrigatória, da admissão às escolas secundárias e das economias no setor da instrução pública, obteve êxito e forneceu especialmente armas aos Ministérios da Educação para se protegerem, em seus respectivos países, contra o excesso de economia que, nessa época como em outras, atingia o ensino mais que outros setores. As conferências de Instrução Pública (não se falava mais de "sessões da conferência") prosseguiram anualmente até 1939, sendo retomadas em 1946.

Depois da guerra de 1939-1945 as mesmas causas sociais, políticas e econômicas que levaram a todos os pontos do globo a extensão explosiva da educação, de que se tratou, tornaram ao mesmo tempo desejável e necessária uma colaboração internacional ampliada, ao

106   JEAN PIAGET

ponto de nada mais subsistir das correntes contrárias que tinham atrasado o movimento à época da Sociedade das Nações. Sob a égide das Nações Unidas constituiu-se então a vasta "Organização das Nações Unidas para a Educação, a Ciência e a Cultura" ou *Unesco*, em que uma das atividades centrais foi, desde o início, a cooperação em matéria de educação e instrução.

A Unesco é antes de tudo um órgão e é o único, no terreno que nos ocupa, a possuir os meios ao mesmo tempo financeiros e políticos para isso; o que não significa, de modo algum, que esta grande organização não se dedique a pesquisas quando elas são necessárias antes de qualquer campanha de ação, mas ela não se dedica à pesquisa por si mesma, salvo sobre certos pontos em que a considera útil para desencadear uma corrente proveitosa: é o que acontece em particular no domínio das Ciências Sociais, cujo Departamento da Unesco publica uma revista muito dinâmica que fornece exemplos de pesquisas úteis. Por outro lado, nos múltiplos terrenos da educação as tarefas são às vezes tão variadas e urgentes que a Unesco, como dela se esperava, se consagrou a um certo número de empreendimentos internacionais que dependem da ação propriamente dita.

Todos conhecem os esforços da Organização no domínio da luta contra o analfabetismo ou, como se diz atualmente, em favor da educação de base, pois o analfabetismo não é apenas uma privação do uso da leitura e da escrita, mas uma carência geral que interessa aos meios de produção e à própria saúde tanto quanto os sistemas de comunicação ligados ao alfabeto e que servem à transmissão dos conhecimentos elementares de que depende a vida inteira.

No terreno da assistência técnica ou, como se diz hoje, da cooperação técnica, a Unesco fornece também uma ajuda contínua aos países em vias de desenvolvimento, ao enviar peritos cujo trabalho contribui para a constituição ou para o funcionamento das estruturas indispensáveis ao progresso do ensino.

Bem recentemente a Unesco propiciou a formação de um Instituto Internacional da Planificação de Educação, visando ao estudo e à informação mútua nesse campo essencial.

PSICOLOGIA E PEDAGOGIA 107

A política inteligente da Unesco tem consistido, sempre, em utilizar os organismos já existentes sem absorvê-los, ou em criar organismos para fins específicos conferindo-lhes uma autonomia intelectual, administrativa e financeira (acabamos de ter um exemplo disso.) Dessarte, estabeleceram-se relações estreitas com o Bureau Internacional de Educação e um acordo conseguindo colocar a Conferência Internacional de Instrução Pública sob a administração comum das duas instituições. O regime funcionou a partir da sessão de 1947 e satisfez a todos.

O funcionamento e as lacunas da conferência internacional de instrução pública

Uma comissão mista, compreendendo três representantes do Conselho Executivo da Unesco e três representantes do B.I.E., decide quais as questões a serem colocadas na ordem do dia da Conferência de Instrução Pública. O secretário da Unesco prepara, então, uma monografia ou um estudo específico referente às questões assim escolhidas e os publica em forma de documentos que, antes de se tornarem acessíveis ao público, serão distribuídos aos representantes dos ministérios na sessão considerada da conferência. Por seu lado, o Bureau Internacional de Educação organiza um questionário sobre as questões escolhidas que envia a todos os ministérios de Instrução Pública, questionário cujo texto já foi discutido previamente e elaborado pelo Comitê Executivo da instituição, no qual estão representados todos os países-membros. Os resultados desses estudos comparativos são elaborados e apresentados em publicações que também são distribuídas a todos os representantes da conferência antes de postas em circulação pública.

A conferência reúne-se, então, sob a convocação comum das duas organizações e segundo listas aprovadas pelos dois conselhos. Todos os ministérios de Instrução Pública são em princípio convidados a se fazerem representar com direitos iguais, quer sejam membros ou não das organizações que convidam. Mas a Unesco,

108 JEAN PIAGET

fazendo parte das instituições especializadas das Nações Unidas, está comprometida com as regras estabelecidas por esta. O B.I.E. não está ligado às Nações Unidas, mas a vontade política da maioria pode levar também a certas restrições: apesar das intenções puramente técnicas e da neutralidade dos dirigentes do B.I.E., a República Popular da China não pôde ainda ser convidada, mesmo com seus 450 milhões de habitantes, o que naturalmente está em contradição completa com o espírito da conferência. Esta, uma vez reunida, discute as questões na ordem do dia e vota as Recomendações. É inútil citar novos exemplos, já que os utilizamos amplamente nos capítulos precedentes, a título de expressar a opinião comum dos 80 a 100 Ministérios de Instrução Pública habitualmente representados. É preciso notar que se trata de "recomendações" e não de resoluções imperativas. A razão está em que, inicialmente, a colaboração internacional em matéria de educação só é frutífera dentro de um espírito de reciprocidade e de respeito mútuo tais que a autonomia de cada um seja reconhecida sem intervenções contrárias à soberania nacional. Uma segunda questão que se apresenta, também válida mas de natureza mais pedagógica, se podemos nos exprimir assim ao falar dos ministérios de Educação Nacional: resoluções imperativas não atingiram senão um nível muito baixo, se é preciso limitar-se ao que há de comum às práticas efetivas de todos os Estados, enquanto as recomendações põem em evidência as experiências mais notáveis e os resultados mais satisfatórios, criando uma emulação para o alto, cujos efeitos são bem superiores a qualquer tentativa de uniformização coercitiva.

Isso não impede que em certas questões relacionadas diretamente aos direitos do homem e à justiça social, como nos setores da escolaridade obrigatória, da mobilidade escolar ou do acesso a todos os ramos de ensino, das medidas destinadas a excluir qualquer discriminação racial, de sexo etc., poderia haver vantagem em prever medidas normativas além da informação mútua ou das simples recomendações. Nestes casos a Unesco, que é um órgão de ação e que se beneficia de um poder jurídico e de execução bem superior ao do B.I.E., é designada para continuar o trabalho da conferência comum.

PSICOLOGIA E PEDAGOGIA

Além das questões que variam de ano para ano, a Conferência de Instrução Pública discute, por ocasião de cada uma de suas sessões, os relatórios anuais dos Ministérios, que são a seguir reunidos em um *Anuário Internacional de Instrução Pública*. Os relatórios, sempre muito instrutivos e permitindo uma informação recíproca, viva e de atualidade imediata num grau que não se poderia jamais imaginar em 1929-39, indicam especialmente os seguimentos dados às Recomendações dos anos precedentes.

Tal como foi organizada em 27 sessões anuais, a Conferência Internacional de Instrução Pública constitui um instrumento útil. Mas seria dar uma imagem incompleta da educação e da instrução entre 1935 e 1965 deixar crer que ela satisfaz plenamente, mesmo àqueles que contribuíram para a sua elaboração. Um quadro só é objetivo se mostra as sombras tão bem quanto as luzes, e não deixamos de nos esforçar para isso em cada um dos capítulos precedentes, a partir do primeiro.

Ora, referindo-nos ao início de nosso estudo, é preciso reconhecer que as autoridades escolares e os Ministérios da Educação são uma coisa e que a ciência ou a pesquisa pedagógica são outra, e é isso mesmo que os representantes dos primeiros na Conferência de Instrução Pública reconheceram sempre com muito liberalismo. Não resta dúvida que, comparando esta Conferência a outras do mesmo gênero, ela testemunha um desequilíbrio do qual não é a fonte, mas de que sofre ainda toda a educação contemporânea.

Na Introdução à coleção das Recomendações da Conferência (3ª edição em 1960), cometemos a imprudência de falar em "uma espécie de Carta ou Código Internacional de Instrução Pública, um corpo de doutrina pedagógica... etc.". Mas é preciso haver entendimento. Quando a Conferência preconiza para os professores do ensino pré-escolar vencimentos iguais aos dos membros do ensino primário, ela fala a linguagem das cartas e dos códigos e exprime uma opinião que, sendo "autorizada", é de outra natureza que aquela de um congresso sindical que pedisse a mesma coisa... ou o contrário. Quando, por outro lado, a Conferência diz das matemáticas que elas dependem dos "processos da lógica em ato" (*R.* 43, artigo I), ela tem suas razões, mas não é pelo fato de dizê-lo que ela tem razão; e se ela dissesse o contrário teria errado, enquanto no exemplo precedente estaria no seu direito e continuaria a exercer autoridade. Em resumo, os Ministérios e sua Conferência fazem a lei, mas não constituem a verdade científica ou pedagógica. O trabalho internacional não seria completo nesse sentido a não ser que as mesmas questões, discutidas pela conferência, fossem trabalhadas previamente ou logo após as reuniões de especialistas em pedagogia experimental, em psicologia etc., que apresentariam os fatos de que dispõem e as interpretações em suas convergências e em sua diversidade. Uma colaboração entre a Conferência dos oficiais e a dos peritos levaria, assim, a colocações muito mais detalhadas e provocaria sobretudo o estabelecimento de um inventário das questões ainda abertas, cujo interesse e urgência, destacados por esse gênero de trocas, levaria a multiplicar o número de pesquisas. Estas pesquisas são frequentemente solicitadas pela Conferência de Instrução Pública e é preciso fazer-lhe justiça nesse ponto, mas um diálogo contínuo e organizado renderia os maiores serviços quanto à eficácia desses votos.

É claro que entre os delegados da Conferência de Instrução Pública os grandes países fazem sempre figurar peritos (a que devemos precisamente as melhores recomendações), da mesma forma que as Conferências da Organização Mundial de Saúde são constituídas por representantes ao mesmo tempo médicos e delegados de seus respectivos Estados. Mas a diferença, apesar de tudo notável, que subsiste, é que, em toda questão de doutrina, o médico é o representante de uma ciência de peso e cuja autoridade se impõe nos Ministérios e nas Conferências de Saúde, ao passo que as etapas da educação, os métodos, a formação dos professores (e até mesmo o detalhe das horas de curso necessárias a essa formação, como se os Ministérios da Saúde ou mesmo da Instrução Pública pudessem decidir das operações que é preciso fazer ou deixar de fazer para formar um bom cirurgião) etc., são organizados por via governamental.

PSICOLOGIA E PEDAGOGIA

Mas os governos dependem dos parlamentos e dos órgãos legislativos que, de uma forma ou de outra, representam a opinião pública e, por conseguinte, a dos próprios professores. Por outro lado, no plano internacional, a Conferência de Instrução Pública ignora essas representações, salvo sob a forma de ingerência, com todo direito criticada, das Relações Exteriores e de seus conselheiros jurídicos! Aqui, mais uma vez, é nítida uma lacuna na colaboração internacional e, ao lado das conferências oficiais e de peritos, seria preciso prever a dos professores e de suas corporações. Ora, essas corporações ou associações internacionais existem e algumas delas são representadas por observadores nas sessões da Conferência oficial. Nada os impediria, portanto, de retomar as mesmas questões de uma maneira sistemática e de dar a conhecer, de maneira contínua e regular, as suas observações. Somente no dia em que houver esse diálogo de três interlocutores representando as correntes científicas, as autoridades e os atores reais, poder-se-á falar de uma colaboração internacional um pouco mais completa no terreno da educação.

8

A FORMAÇÃO DOS PROFESSORES DO PRIMEIRO E DO SEGUNDO GRAU

Não há uma questão que tenhamos abordado neste quadro da educação e da instrução a partir de 1935 que não venha a desembocar, cedo ou tarde, na questão da formação dos professores. As mais perfeitas reformas ficam sem conclusão se não há professores disponíveis, em qualidade e número suficientes. A psicologia infantil pode multiplicar os dados de fatos e nossos conhecimentos sobre o mecanismo do desenvolvimento: esses fatos ou essas ideias não atingirão jamais a escola se os professores não os incorporarem até traduzi-los em realizações originais. As exigências da justiça social e as necessidades econômicas da sociedade podem impor-nos uma ampliação das formas de ensino e uma mobilidade crescente aos alunos em seu interior: ainda é preciso que os professores aceitem a imensa responsabilidade das orientações individuais e compreendam suficientemente a complexidade dos problemas para assegurar as colaborações úteis. De uma maneira geral, quanto mais se procura aperfeiçoar a escola, mais a tarefa do professor fica pesada; e quanto melhores os métodos, mais difíceis são de aplicar.

Ora, por uma trágica convergência aconteceu que nestes últimos anos a renovação geral na educação coincidiu com uma escassez crescente de professores. Esta convergência, na verdade, não tem nada de fortuita: foram as mesmas razões que tornaram a escola inadequada e que levaram ao enfraquecimento da posição social e, por conseguinte, econômica (mas a título secundário) do professor.

As razões para isto são, em poucas palavras, que nos regimes de direita como de esquerda, a escola foi edificada por conservadores do ponto de vista pedagógico, que pensavam muito mais no molde dos conhecimentos tradicionais, no qual era preciso formar as gerações ascendentes, do que em formar inteligências e espíritos inventivos e críticos. Do ponto de vista das necessidades atuais da sociedade, foram esses moldes que se romperam em benefício de sistemas mais amplos e mais flexíveis e de métodos mais ativos. Mas do ponto de vista dos professores e de sua situação social, as concepções antigas faziam com que eles fossem simples transmissores de conhecimentos comuns, elementares ou médios, sem possibilidade de iniciativas e muito menos de descobertas, de onde a sua posição subalterna. E no momento em que se realiza, sem dúvida, uma das revoluções pedagógicas importantes da história, porque centrada na criança e no adolescente e naquelas suas qualidades que serão precisamente as mais úteis à sociedade de amanhã, os professores das diversas escolas não têm à sua disposição nem uma ciência da educação suficientemente elaborada que lhes permita operar de maneira pessoal para fazer progredir essa disciplina, nem a consideração sólida que deveria estar ligada a essa atividade ao mesmo tempo científica, prática e essencial para a coletividade; assim, também sua posição não exerce qualquer atrativo e seu recrutamento torna-se cada vez mais difícil.

Portanto, sob todos os ângulos, o problema da formação de professores constitui a questão-chave, cuja solução comanda a solução de todas as questões examinadas até o momento. Reservado para o fim desta exposição, o exame das soluções dadas ou propostas servirá de conclusão ao conjunto de análises que o precedem.

A formação do pessoal do ensino primário

Três espécies de sistemas são utilizadas em diferentes países na formação dos professores primários: as escolas normais (com ou sem internato), os institutos pedagógicos de tipo intermediário e os institutos universitários ou faculdades de pedagogia. A tendência, no decorrer destes últimos anos, tem sido nitidamente elevar o nível dessa preparação, e a Conferência de Instrução Pública, em sua deliberação de 1953, já concluía que "a formação dos professores primários em um estabelecimento de nível superior" constitui "um ideal do qual é preciso aproximar-se cada vez mais" (*R.* 36, artigo 10).

Os inconvenientes reprovados às escolas normais são de duas espécies. O primeiro é fechar o corpo docente primário em um vaso incomunicável, isto é, criar um corpo social fechado, legitimamente consciente de seus méritos, mas exposto a uma espécie de sentimento de inferioridade coletivo e sistemático, que é mantido pelas razões já expostas. Em segundo lugar, o fato de fornecer no seio da própria escola normal os conhecimentos indispensáveis ao ensino ulterior dos professores tem como consequência limitar a cultura, quer se queira, quer não, por falta do intercâmbio necessário com as correntes de estudos que levam a outras profissões. Em particular a preparação psicológica, tão indispensável aos professores primários – cujo ensino é, deste ponto de vista, visivelmente mais complexo e difícil que um ensino secundário –, não pode realizar-se eficientemente a não ser em ligação com os núcleos de pesquisa universitários, onde se encontram em ação os especialistas. Só se aprende realmente a psicologia infantil colaborando em pesquisas novas e particularmente em experiências, sem contentar-se com exercícios ou trabalhos práticos que só se referem a resultados conhecidos; ora, os professores podem aprender a se tornar pesquisadores e a ultrapassar o nível de simples transmissores. O mesmo acontece com a pedagogia experimental, ela própria convocada a se tornar a disciplina por excelência dos professores, cuja atividade específica atingiria um caráter científico se eles fossem suficientemente for-

PSICOLOGIA E PEDAGOGIA 115

mados: mas esta formação é indissociável de uma psicologia e de uma sociologia de alto nível.

Os Institutos Pedagógicos de tipo intermédio tentam remediar esses defeitos, prevendo uma formação em duas etapas: uma geral de nível secundário, adquirida previamente nos estabelecimentos comuns, e uma especializada, própria a estes Institutos. O progresso é evidente no sentido de que assim toda a ênfase pode ser colocada na preparação psicopedagógica. Contudo, subsiste o inconveniente de uma separação entre o corpo social dos futuros professores primários com relação aos professores secundários, e sobretudo com o conjunto de estudantes universitários que se consagram a ramos em que a aquisição do saber é una com a iniciação aos métodos de pesquisa. O simples fato de dissociar da universidade as escolas profissionais onde se aprende a ensinar matérias elementares – enquanto os dentistas, os farmacêuticos e muitos outros, inclusive os futuros professores secundários, são chamados a se preparar nos bancos das faculdades –, parece indicar que a formação profissional do professor primário é de outro nível e que se trata precisamente, sem mais nem menos, de uma formação profissional um pouco fechada por oposição à iniciação nas disciplinas suscetíveis de renovação e aprofundamento contínuos. O problema é tanto mais real que em vários países podem-se distinguir os Institutos Pedagógicos e as Escolas Pedagógicas, estas destinadas à preparação dos professores de classes elementares.

Nesse sentido, convém levantar uma questão de ordem geral antes de examinar os sistemas de formação pedagógica na universidade. Em nome de que critério o ensino elementar é julgado mais fácil que o ensino nas classes primárias superiores, e este mais fácil que o ensino secundário? A única consideração que justifica tal hierarquia é, certamente, a das matérias a ensinar, mas consideradas somente sob o ângulo do nível dos conhecimentos em si mesmos, independentemente de sua maior ou menor facilidade de assimilação por parte dos alunos. Dois grandes problemas prévios se colocam a seguir. O primeiro é o de estabelecer se, efetivamente, é mais fácil fazer com que uma criança de 7 a 9 anos aprenda uma estrutura

116 JEAN PIAGET

elementar, suponhamos de cálculo ou de linguagem, do que fazer com que um adolescente assimile uma estrutura mais complicada.

Ora, nada prova que a segunda estrutura, do ponto de vista da ciência ou do próprio adulto efetivamente mais complexa, seja mais difícil de transmitir, a não ser pelo fato de que o adolescente está de fato mais próximo, quanto à sua organização mental, dos hábitos de pensar e de falar do adulto. O segundo problema é o de saber se para o prosseguimento do progresso intelectual do aluno uma boa assimilação da estrutura em jogo (em oposição a uma assimilação aproximativa ou mais ou menos verbal) é mais importante quando se trata de estruturas de um nível superior ou de um nível elementar, estas condicionando de fato toda a vida escolar posterior, enquanto aquelas podem dar lugar a complementações ou autocorreções segundo o nível do aluno.

A partir de ambas as opiniões – a dificuldade de assimilação e a importância exterior das noções – é, de fato, plausível pensar, se nos colocarmos em um campo psicológico e mesmo epistemológico mais do que no do senso comum administrativo, que quanto mais o aluno é jovem, mais o ensino fica difícil e maiores são as consequências no futuro. Por esse motivo, uma das experiências mais interessantes tentadas no campo da formação de professores foi aquela dirigida durante anos em Edimburgo pelo grande psicólogo Godfrey THOMSON à frente da Murray House ou Departamento de Pedagogia da Universidade: os futuros professores, uma vez instruídos (em nível de segundo grau e nas faculdades) em relação ao conjunto de matérias que pensavam ensinar, recebiam na Murray House uma formação propriamente psicológica e didática, e só no fim dessa formação pedagógica especializada escolhiam o nível escolar ao qual queriam ligar-se. Em outros termos, os futuros professores primários e secundários preparavam-se juntos, nesses últimos anos de iniciação educativa, sem decidir com antecedência se pertenceriam a uma ou outra dessas categorias, donde a dupla vantagem da supressão dos complexos de inferioridade ou de superioridade e de uma preparação centrada nas necessidades do aluno mais do que nas vantagens da carreira (estas passavam a ser iguais).

PSICOLOGIA E PEDAGOGIA

Sem pretender generalizar um tal ideal, do qual se percebem logo as incidências orçamentárias, ele nos leva pelo menos a examinar as diversas tentativas realizadas ou projetadas de preparação de professores primários na universidade. É conveniente também, nesse sentido, não economizar palavras e precisar em cada caso particular de que nível universitário se trata. Muitos dos "Teachers College" americanos são de fato, de um tal ponto de vista, apenas "Institutos Pedagógicos" no sentido discutido acima, isto é, abertos a *undergraduates* que não irão longe na pesquisa. Mas em outros casos foi tentada uma integração real do futuro professor na vida universitária, e é o que preconiza, por exemplo, o Relatório Parent no Canadá francês para as futuras reformas.

A experiência feita em Genebra no decorrer destes últimos anos é instrutiva no duplo campo das duas lacunas e das suas conquistas. O princípio é o de que o futuro professor primário comece adquirindo o certificado de conclusão do curso secundário, e que sua formação especializada seja feita em seguida durante três anos. No primeiro ano os candidatos fazem estágios práticos, de maneira a tomar consciência dos problemas, e no terceiro voltam à prática. Por outro lado, o segundo ano é passado na universidade, onde os candidatos fazem cursos de psicologia (Faculdade de Ciências), de pedagogia (Letras) e cursos especiais no Instituto de Ciências da Educação (J.-J. Rousseau), no fim dos quais passam os exames do certificado (três escritos e quatro orais).

As lacunas do sistema estão em que a passagem pela Universidade é muito curta para permitir uma integração suficiente. Além disso, a escolha dos ramos optativos é imposta ao invés de ser livre e os candidatos já receberam um ordenado, o que contribui ainda mais para diferenciá-los do conjunto dos estudantes. Por outro lado, a iniciação recebida é suficiente para interessar os melhores e alguns continuam em seguida (isto é, uma vez nomeados professores) em seus estudos, à margem da sua atividade profissional, até a obtenção dos diplomas, da licença em pedagogia e, eventualmente, até o doutorado (o Instituto interfaculdades dá todos esses títulos).

Mas o ponto essencial é a iniciação à psicologia do desenvolvimento, e essa questão geral ultrapassa os quadros deste exemplo. Todos concordam em admitir (e isto em todos os sistemas, inclusive as Escolas Normais) que a preparação dos professores supõe uma formação psicológica. Mas os métodos da escola ativa entraram tão pouco nos costumes, no que se refere aos próprios estudantes, que muitas vezes essa formação se reduz a um conjunto de cursos e de exames, os trabalhos práticos consistindo simplesmente na aplicação de alguns testes. Ora, em psicologia mais que em outros campos, só se compreende realmente os fatos e as interpretações quando se está dedicado pessoalmente a uma pesquisa. Isto é, naturalmente, o mais difícil de organizar, sobretudo para principiantes. No caso específico de nosso exemplo, o problema é resolvido da seguinte forma. O Instituto realiza pesquisas planejadas de ano para ano pelos professores e dirigidas pelos assistentes que, todas as tardes, interrogam crianças em locais colocados à disposição em cada escola. Nestas pesquisas são associados alunos em grupos de dois ou, no máximo, três, que aprendem a anotar os fatos e a interrogar, e que sobretudo fazem relatórios periódicos associando-os ao encaminhamento da pesquisa em suas dificuldades como em seus sucessos. É para esta colaboração crescente que são convidados os futuros mestres, e é esse contato com os fatos progressivamente extraídos e elaborados que constitui a sua formação essencial: uma formação intelectual, fazendo-os compreender a complexidade das questões (enquanto os cursos se referem a questões resolvidas que parecem, assim, bem mais simples do que são na realidade) e uma formação moral ou social, dando ao educador a convicção de que sua disciplina comporta um número indefinido de aprofundamentos teóricos e de aperfeiçoamento técnico. Em algumas palavras, é na pesquisa e através dela que a profissão de professor deixa de ser uma simples profissão e ultrapassa mesmo o nível de uma vocação efetiva para adquirir a dignidade de toda profissão ligada ao mesmo tempo à arte e à ciência, pois a ciência da criança e a da sua formação constituem mais do que nunca domínios inesgotáveis.

PSICOLOGIA E PEDAGOGIA

A formação do pessoal do ensino secundário

Na maioria dos países, os professores do ensino secundário são formados em faculdades onde adquirem no *mínimo* uma licença. Eles estão, portanto, habituados à pesquisa, pelo menos nas disciplinas que irão ensinar, de tal forma que, se estiverem animados de ardor sagrado por esses mesmos ramos, devem poder distinguir em seus alunos os futuros pesquisadores e prepará-los para essas tarefas tanto quanto para assimilar o saber já adquirido. Mas ocorre que quanto mais o professor do segundo grau é dominado pela disciplina que ensina, menos ele se interessa pela pedagogia como tal. Ou melhor, a pedagogia sendo, enquanto aplicação, uma arte ao mesmo tempo que uma ciência, o professor que tem o dom do ensino e do contato educativo é levado a supor que um tal dom basta para tudo e que um conhecimento mais detalhado dos mecanismos mentais é bom para os professores primários que têm de trabalhar com crianças, enquanto no nível da adolescência tais análises psicológicas não acrescentam nada à experiência quotidiana de um bom professor que conheça individualmente seus alunos.

Um pequeno exemplo servirá para mostrar o que pode resultar disso. As matemáticas modernas repousam, entre outras coisas, na teoria dos conjuntos, e um ensino remodelado desta disciplina parte, atualmente, da iniciação às operações elementares de reunião e intersecção de dois conjuntos: projeto tanto mais razoável, que a criança utiliza espontaneamente tais operações desde o nível das operações concretas. Ora, um professor de matemática do segundo grau se espantava com a dificuldade de seus alunos em manipular sem erro tais operações aos 12-13 anos, quando já tinha dado a definição formal de maneira irrepreensível. Ele esquecia assim, simplesmente, a diferença psicológica fundamental que existe entre a capacidade de utilizar espontânea e inconscientemente uma operação e o poder de refletir sobre ela para daí tirar uma formalização abstrata. Uma análise psicológica das condições de passagem entre esses dois níveis de pensamento teria simplificado consideravelmente o problema de apresentação, e, por falta de percepção disso encontramos atualmente, uns após outros, excelentes professores que ensinam as matemáticas mais modernas começando pelos métodos pedagógicos menos atualizados.

Não é, pois, sem razão que a Conferência Internacional de Instrução Pública, ao tratar, em sua sessão de 1954, da formação do pessoal do ensino secundário, insistiu na necessidade de uma iniciação psicológica à altura da preparação referente às próprias disciplinas a serem ensinadas. Ora, esta formação psicopedagógica é muito mais difícil de se obter dos professores desse nível que daqueles do primeiro grau, e as razões indicadas levantam, muitas vezes, uma barreira intransponível às tentativas mais bem-intencionadas. A dificuldade reside, antes de mais nada, em que para compreender a psicologia das funções mentais do adolescente é indispensável dominar a totalidade do desenvolvimento, da criança à idade adulta, que os futuros professores secundários começam por se desinteressar totalmente da infância, antes de perceberem de que maneira a análise do conjunto dos processos formadores esclarece aqueles que são próprios à adolescência.

Os dois métodos que mais êxito tiveram até o momento em fazer aceitar uma tal formação aos próprios interessados foram os seguintes, pelo menos no que se refere aos futuros professores de ciência. Um consiste, naturalmente, em associá-los a pesquisa psicopedagógicas sobre esta ou aquela estrutura lógico-matemática ou esta ou aquela situação de causalidade física: o caráter, muitas vezes totalmente imprevisto, dos indivíduos de diversas idades, é suficiente para fazer compreender que existem aí problemas de que o educador tem toda a vantagem em tomar conhecimento detalhado. O outro método se refere à preparação teórica. Acontece, muitas vezes, que futuros professores de ciência têm um desprezo não dissimulado pela psicologia do desenvolvimento, até o momento em que se consegue fazê-los perceber o alcance epistemológico das leis desse desenvolvimento. No entanto, uma vez colocados os problemas de aquisição de conhecimentos em termos de relações entre o sujeito e o objetivo, isto é, em termos de interpretações empiricistas, aprioristicas ou construtivistas etc., eles tornam a encontrar uma ligação

PSICOLOGIA E PEDAGOGIA

com alguns dos problemas centrais de seu ramo de especialização e percebem o interesse de pesquisas cuja simples apresentação pedagógica os deixava insensíveis.

Quanto aos futuros professores de letras, o estado das pesquisas permite menos tais contatos. Mas, com o progresso das análises linguísticas que se referem à evolução individual da linguagem, elas já são promissoras, tanto do ponto de vista do próprio estruturalismo linguístico como das relações entre a função semiótica e o pensamento. Aqui também o campo de pesquisas é imenso e não resta dúvida de que dia virá em que as ciências da educação, beneficiando-se de todas essas contribuições, criarão técnicas muito mais refinadas que as atuais e propiciarão, por isso mesmo, uma preparação mais profunda do corpo docente e, sobretudo, sua colaboração ativa na edificação, sem cessar renovada, de tais disciplinas.

SEGUNDA PARTE

OS NOVOS MÉTODOS, SUAS BASES PSICOLÓGICAS

Como definir os novos métodos de educação e a partir de quando datar o seu aparecimento? Educar é adaptar a criança ao meio social adulto, isto é, transformar a constituição psicobiológica do indivíduo em função do conjunto de realidades coletivas às quais a consciência comum atribui algum valor. Portanto, dois termos na relação constituída pela educação: de um lado, o indivíduo em crescimento; de outro, os valores sociais, intelectuais e morais nos quais o educador está encarregado de iniciá-lo. O adulto, ao perceber a relação segundo sua perspectiva própria, começou sonhando apenas com esses últimos e concebendo a educação como uma simples transmissão dos valores coletivos de geração a geração. E, por ignorância ou por causa mesmo dessa oposição entre o estado natural, característico do indivíduo, e as normas da socialização, o educador preocupou-se inicialmente com os fins de educação mais do que com sua técnica, com o homem feito mais do que com a criança e com as leis de seu desenvolvimento.

Desta maneira, foi levado, implícita ou explicitamente, a considerar a criança seja como um homenzinho a instruir, moralizar e identificar o mais rapidamente possível aos seus modelos adultos, seja como o suporte de pecados originais variados, isto é, como uma matéria resistente que é preciso dobrar muito mais que modelar. Desse ponto de vista procede sempre a maior parte dos nossos métodos pedagógicos. Ele define os métodos "antigos" ou "tradicionais" de educação. Os métodos novos são os que levam em conta a natureza própria da criança e apelam para as leis da constituição psicológica do indivíduo e de seu desenvolvimento. *Passividade ou atividade.* Mais uma vez é preciso haver entendimento. A memória, a obediência passiva, a imitação do adulto e, de uma maneira geral, os fatores de receptividade, são tão naturais à criança quanto a atividade espontânea. Ora, não se poderia dizer que os métodos antigos, por mais antipsicológicos que sejam algumas vezes, tenham negligenciado inteiramente a observação da criança sob este ângulo. Entre as duas pedagogias, o critério, portanto, é procurar, não na utilização deste ou daquele traço da mentalidade pueril, mas na concepção de conjunto que o educador, em cada caso, faz da criança.

A infância é um mal necessário ou as características da mentalidade infantil têm uma significação funcional que define uma atividade verdadeira? Segundo a resposta dada a esta questão fundamental, a relação entre a sociedade adulta e a criança a educar será concebida como unilateral ou como recíproca. No primeiro caso, a criança é chamada a receber de fora os produtos totalmente elaborados do saber e da moral adultos; a relação educativa é feita com a pressão de uma das partes e a receptividade da outra. De um tal ponto de vista, os trabalhos de alunos, mesmo os mais individuais (redigir uma composição, fazer uma versão, resolver um problema), participam menos da atividade real da pesquisa espontânea e pessoal que do exercício imposto ou da cópia de um modelo exterior; a moral mais íntima do aluno fica mais envolvida de obediência que de autonomia. Na medida em que, pelo contrário, a infância é considerada como dotada de uma atividade verdadeira e o desenvolvimento do espírito é compreendido em seu dinamismo, a relação entre os indivíduos a educar e a sociedade torna-se recíproca: a criança tende a se aproximar do estado adulto não mais recebendo totalmente preparadas a razão e as regras da boa ação, mas conquistando-as com seu esforço e sua experiência pessoais; em troca, a sociedade espera das novas gerações mais do que uma imitação: espera um enriquecimento.

1

A GÊNESE DOS NOVOS MÉTODOS

Os precursores

Se os novos métodos de educação se definem pela atividade verdadeira que postulam na criança e pelo caráter recíproco da relação que estabelecem entre os indivíduos educados e a sociedade para a qual os destinam, nada é menos novo que tais sistemas. Quase todos os grandes teóricos da história da pedagogia pressentiram um ou outro dos múltiplos aspectos de nossas concepções.

Que a maiêutica de SÓCRATES seja um apelo à atividade do aluno mais do que à sua docilidade, isto é evidente, como também que a reação de RABELAIS e de MONTAIGNE contra a educação verbal e a disciplina inumana do século XVI tenha levado a intuições psicológicas refinadas: papel verdadeiro do interesse, observação indispensável da natureza, necessidade de iniciação à vida prática, oposição entre a compreensão pessoal e a memória ("Saber de cor não é saber") etc. Mas, CLAPARÈDE o demonstrou em um conhecido artigo da *Revue de métaphysique et de morale* (maio de 1912), essas observações, e mesmo aquelas de FÉNELON, LOCKE e outros, são apenas fragmentárias; em ROUSSEAU, por outro lado, encontramos uma concepção de conjunto cujo valor surpreende tanto mais nos dias de hoje, quando não foi inspirada por nenhuma experiência

126   JEAN PIAGET

científica e seu contexto filosófico na maioria das vezes impediu que ela fosse julgada objetivamente.

Em consequência mesmo de suas convicções a respeito da excelência da natureza e da perversão da sociedade, ROUSSEAU atingiu, por essa via imprevista, a ideia de que a infância pode ser útil, porque é natural, e o desenvolvimento mental pode ser regulado por leis constantes. A educação deveria, portanto, utilizar esse mecanismo ao invés de contrariar a sua marcha. Daí uma pedagogia aprofundada no refinamento do detalhe; pode-se descobrir aí seja a antecipação genial dos "métodos novos" de educação, seja uma simples quimera, segundo se deixe de lado os *a priori* filosóficos de Jean-Jacques ou, acedendo ao seu desejo, se os considere como necessariamente ligados às suas teses sociológicas.

De fato, é impossível, ao ler *Emile*, fazer uma abstração completa da metafísica de ROUSSEAU: no que Jean-Jacques é um precursor um pouco comprometedor. Mas, justamente esta observação nos faz compreender a verdadeira inovação dos métodos do século XX, em oposição aos sistemas dos teóricos clássicos. Sem dúvida, ROUSSEAU percebeu que "cada idade tem suas capacidades", que "a criança tem maneira de ver, de pensar e de sentir que lhe são próprias"; sem dúvida, demonstrou eloquentemente que não se aprende nada a não ser por uma conquista ativa, e que o aluno deve reinventar a ciência em vez de repetir suas fórmulas verbais; foi ele mesmo quem deu esse conselho, pelo qual muito lhe será perdoado: "Começai a estudar vossos alunos, pois certamente não os conheceis em nada." Mas essa intuição contínua da realidade do desenvolvimento mental é por enquanto nele apenas uma crença sociológica, algumas vezes um instrumento polêmico; se ele mesmo tivesse estudado as leis dessa maturação psicológica, da qual sempre postula a existência, não teria dissociado a evolução individual do meio social. As noções da significação funcional da infância, das etapas do desenvolvimento intelectual e moral, do interesse e da atividade verdadeira, já se encontram em sua obra, mas só inspiraram realmente os "métodos novos" a partir do momento em que foram encontradas, no plano da observação objetiva e da experiência, pelos autores mais sequiosos da verdade serena e do controle sistemático.

Entre os continuadores de ROUSSEAU, pelo menos dois chegaram a realizar algumas de suas ideias no campo da própria escola. Eles podem ser considerados desse ponto de vista como verdadeiros precursores dos métodos novos. Foram PESTALOZZI, discípulo de Jean-Jacques (1746-1827), e FROEBEL, discípulo de PESTALOZZI.

Os visitantes do Instituto de Yverdon são surpreendidos pela atividade espontânea dos alunos, pelo caráter dos professores (camaradas mais velhos, instrutores muito mais que chefes), pelo espírito experimental da escola, na qual são anotadas as observações cotidianas sobre o progresso do desenvolvimento psicológico dos alunos e sobre o êxito ou o fracasso das técnicas pedagógicas empregadas. Graças a esse mesmo espírito, PESTALOZZI corrige ROUSSEAU, de início, num ponto capital: a escola é uma verdadeira sociedade, na qual o senso das responsabilidades e as normas de cooperação são suficientes para educar a criança, sem que seja necessário, para evitar as limitações nocivas ou o que a competição tem de perigoso, isolar o aluno em seu individualismo. Muito mais, o fator social intervém no plano da educação intelectual tanto quanto no domínio da moral: como BELL e LANCASTER, PESTALOZZI tinha organizado uma espécie de ensino mútuo, de tal forma que os alunos se ajudavam reciprocamente em suas pesquisas.

Mas se o espírito da escola ativa inspirava assim, antes de mais nada, os métodos de PESTALOZZI, as diferenças entre os detalhes de suas concepções e os métodos mais modernos da nova educação são ainda mais surpreendentes. O que faltou ao rousseauísmo para chegar a constituir uma pedagogia científica foi uma psicologia do desenvolvimento mental. ROUSSEAU repetia, sem dúvida, que a criança é diferente do adulto e que cada idade tem suas características próprias; sua crença na constância da evolução psíquica era mesmo tão grande que lhe inspirou a famosa fórmula da educação negativa ou da inutilidade da intervenção do professor; mas o que são para Jean-Jacques essas características especiais da infância a essas leis de desenvolvimento? Além de suas penetrantes observações sobre a utilidade do exercício e da pesquisa cautelosa e sobre a necessidade biológica infantil, as diferenças que estabelece entre esta e a idade adulta são de ordem essencialmente negativa: a criança ignora a razão, o sentimento do dever etc. Também as etapas da evolução mental por ele estabelecidas (pretendeu-se encontra aí o análogo das teorias modernas dos estágios) consistem simplesmente em fixar, não sem arbitrariedade, a data de aparecimento das principais funções ou das manifestações mais importantes da vida do espírito: em tal idade a necessidade, em tal idade o interesse, em tal idade a razão.

Portanto, nada de uma embriologia real da inteligência e da consciência que mostre como as funções se transformam qualitativamente no curso do dinamismo contínuo de sua elaboração. Também PESTALOZZI, que constatava, como todos, os germes da razão e dos sentimentos morais desde a mais tenra idade, voltou (à parte as ideias fecundas sobre o interesse, o exercício e a atividade) às noções correntes da criança contendo em si todo o adulto e do preformismo mental. Eis por que, ao lado das espantosas realizações no sentido da escola ativa contemporânea, os Institutos Pestalozzi apresentam tantas características em desuso. Por exemplo, PESTALOZZI era tomado pela necessidade de proceder do simples ao complexo em todos os ramos do ensino; ora, todos sabem atualmente o quanto a noção do simples é relativa a certas mentalidades adultas e como a criança começa pelo global e indiferenciado. De uma maneira geral, PESTALOZZI estava envolvido de um certo formalismo sistemático, que se podia observar em seus horários, em sua classificação das matérias a serem ensinadas, em seus exercícios de ginástica intelectual, em sua mania das demonstrações; o uso abusivo que fazia disso mostra bem como ele levava pouco em conta, no detalhe, o desenvolvimento real do espírito.

Com FROEBEL (1782-1852), o contraste é ainda maior entre a ideia de atividade e suas realizações. De um lado, o ideal rousseauniano de um desabrochar espontâneo da criança em liberdade, no meio das coisas e não dos livros, na ação e na manipulação motora e, sobretudo, numa atmosfera serena, sem limitação nem

PSICOLOGIA E PEDAGOGIA 129

feiura. Mas, de outro lado, nenhuma noção positiva a respeito do desenvolvimento mental em si mesmo. Se ele compreendeu intuitivamente a significação funcional do jogo e especialmente do exercício sensorimotor, FROEBEL acredita numa etapa sensorial da evolução individual: como se a percepção não fosse ela própria um produto, já bastante complexo, da inteligência prática e da educação dos sentidos a situar-se numa ativação da inteligência inteira. Muito mais, o material preparado por FROEBEL – as famosas sete séries de exercícios –, ao mesmo tempo que marcava um progresso evidente no sentido da atividade, falseava de saída a própria noção dessa atividade, impedindo a verdadeira criação e substituindo a pesquisa concreta, ligada às necessidades reais da vida da criança, por um formalismo do trabalho manual.

De uma maneira geral, vê-se que: se o ideal de atividade e os princípios dos novos métodos de educação podem ser encontrados sem dificuldade nos grandes clássicos da pedagogia, uma diferença essencial os separa de nós. Apesar de seu conhecimento intuitivo ou prático da infância, eles não constituíram a psicologia necessária à elaboração de técnicas educativas verdadeiramente adaptadas às leis do desenvolvimento mental. Os métodos novos só deveriam ser constituídos realmente com a elaboração de uma psicologia ou de uma psicossociologia sistemática da infância; é com a fundação desta última que se pode datar seu aparecimento.

Mas é preciso fazer ainda uma reserva. Durante o século XIX, vários sistemas pedagógicos se basearam na psicologia sem por isso resultar no que chamamos hoje de "métodos novos". É inútil procurarmos aqui ser completos e, em particular, discutir as ideias de Spencer: mas uma menção a HERBART parece indispensável. Como ele forneceu o deplorável modelo de uma pedagogia inspirada por uma psicologia ainda não genética, a discussão de sua obra servirá para mostrar o que os recentes trabalhos sobre a psicologia da criança trouxeram de novo à pedagogia.

Sem dúvida, pela primeira vez na história das ideias pedagógicas, HERBART (1776-1841) tentou, de uma maneira inteiramente lúcida e explícita, ajustar as técnicas educativas às leis da psicologia.

Todos conhecem os sábios preceitos que ele transmitiu a gerações de mestres e o arranjo sistemático de fórmulas práticas que soube codificar para grande alegria dos doutrinários. Toda a vida psíquica consiste para ele numa espécie de mecanismo das representações, que suprime a inteligência enquanto atividade, em proveito de uma estática e de uma dinâmica das ideias como tais, e que deriva, em última instância, da tendência da alma a se conservar ela mesma; a partir daí, o problema pedagógico essencial é saber como apresentar as matérias para que elas sejam assimiladas e retidas: o processo de percepção que permite transformar o desconhecido dá a chave do sistema; se HERBART destaca a necessidade de levar em conta os períodos de desenvolvimento, a individualidade dos alunos ou, sobretudo, o interesse – este fator decisivo dos métodos atuais – é somente em função desta mecânica das representações: o interesse é o resultado da percepção; os estágios de idade e os tipos individuais constituem suas diferentes modalidades.

Ora, HERBART transformou a escola? Não: nenhuma instituição comparável às classes MONTESSORI, às escolas DECROLY etc. pode ser atribuída a ele. Por quê? É que sua psicologia é essencialmente uma doutrina da receptividade e dos elementos de conservação que o espírito comporta. HERBART não soube elaborar uma teoria da atividade conciliando o ponto de vista biológico do desenvolvimento com a análise dessa construção contínua que é a inteligência.

Métodos novos e psicologia

Eis-nos aqui em condições de situar e de explicar o aparecimento dos novos métodos de educação, próprios da época contemporânea. Adaptar a escola à criança foi o que todos sempre quiseram. Acrescentar que a criança é dotada de uma atividade verdadeira e que a educação não poderia ter êxito sem utilizá-la e prolongá-la realmente, todos o repetem desde ROUSSEAU, e esta fórmula teria feito dele o Copérnico da pedagogia se ele tivesse precisado em que consiste esse caráter ativo da infância. Fornecer uma interpretação

PSICOLOGIA E PEDAGOGIA 131

positiva do desenvolvimento mental e da atividade psíquica, tal era o papel reservado à psicologia deste século e à pedagogia que dela resultou. Mas é preciso haver entendimento. A pedagogia moderna não saiu de forma alguma da psicologia da criança, da mesma maneira que os progressos da técnica industrial surgiram, passo a passo, das descobertas das ciências exatas. Foram muito mais o espírito geral das pesquisas psicológicas e, muitas vezes também, os próprios métodos de observação que, passando do campo da ciência pura ao da experimentação, vivificaram a pedagogia. Se DEWEY, CLAPARÈDE e DECROLY, fundadores de escolas e inventores de técnicas educativas precisas, são grandes nomes em psicologia, a doutora MONTESSO-RI se limitou a sérios estudos antropológicos e médico-psicológicos sobre as crianças anormais, bem como a uma iniciação em psicologia experimental, e KERCHENSTEINER só veio para a psicologia em meados de sua longa carreira. Mas seja qual for a ligação, no que se refere aos principais inovadores, entre a psicologia da criança e suas ideias psicológicas mestras, é indiscutível que a grande corrente da psicologia moderna está na fonte dos métodos novos.

De fato, uma mudança radical de pontos de vista opõe a psicologia contemporânea àquela do século XIX.

Insistindo antes de mais nada nas funções de receptividade e de conservação, esta última tentou explicar o conjunto da vida do espírito por elementos essencialmente estáticos. Em sua forma positiva e em suas tentativas de intenção científica, ela foi mecanicista: o associacionismo sob todos os seus aspectos, e principalmente em suas pretensões evolucionistas e genéticas, tentou reduzir a atividade intelectual a combinações de átomos psíquicos inertes (sensações e imagens) e encontrar o modelo das operações do espírito nas ligações propriamente passivas (hábitos e associações). Em sua forma filosófica, ela não fez nada de melhor e se limitou a conceber faculdades já constituídas para suprir a carência das explicações empiricistas. Só Maine de BIRAN merece um lugar à parte, mas seu insucesso e o fato de que só foi descoberto verdadeiramente nos dias de hoje confirmam precisamente esse julgamento de conjunto.

132   JEAN PIAGET

Ora, a psicologia do século XX foi de início e em todas as frentes uma afirmação e uma análise da atividade. Vejam-se William JAMES, DEWEY e BALDWIN nos Estados Unidos, BERGSON na França e BINET depois de *La psychologie de l'intelligence*, e Pierret JANET depois de *L'automatisme;* vejam-se FLUORNY e CLAPARÈDE na Suíça, a escola de Würzburg na Alemanha: em todo lugar a ideia de que a vida é uma realidade dinâmica, a inteligência uma atividade real e construtiva, a vontade e a personalidade criações contínuas e irredutíveis. Em suma, no terreno próprio da observação científica e pela reação da própria experiência contra um mecanismo simplista, está o esforço geral para conquistar, com métodos qualitativos como também quantitativos, uma visão mais justa dessa verdadeira construção que é o desenvolvimento do espírito.

Como nasceram os novos métodos

Nesse ambiente nasceram os novos métodos de educação. Eles não foram obra de um ser isolado que por dedução teria extraído de uma pesquisa específica uma teoria psicopedagógica do desenvolvimento da criança. Eles se impuseram em inúmeras frentes, simultaneamente.

É que a transformação geral das ideias sobre a personalidade humana obrigou os espíritos abertos a considerarem a infância de outra maneira: não mais (era o caso de ROUSSEAU) por causa de opiniões preconcebidas sobre a bondade do homem e a inocência da natureza – mas por causa do fato, novo na história, de que a ciência e, mais geralmente, as pessoas honestas, estavam de posse de um método e de um sistema de noções aptos a dar conta do desenvolvimento da consciência e, particularmente, do desenvolvimento da alma infantil. Somente então esta atividade verdadeira, que todos os grandes inovadores da pedagogia tinham sonhado introduzir na escola e deixar desenvolver-se nos alunos segundo o processo interno de seu crescimento físico, tornou-se um conceito inteligível e uma realidade suscetível de ser analisada objetivamente: os novos

PSICOLOGIA E PEDAGOGIA 133

métodos se constituíram, assim, ao mesmo tempo que a psicologia infantil e em estreita solidariedade com seus progressos. É fácil mostrá-lo.

Nos Estados Unidos, a reação contra o estaticismo do século XIX foi marcada de duas maneiras. De um lado, os estudos das pragmáticas puseram em destaque o papel da ação na constituição de todas as operações mentais, sobretudo do pensamento; de outro, a ciência do desenvolvimento mental ou psicológico genético, sobretudo com Stanley HALL e J. M. BALDWIN, tomou uma amplitude considerável. Estas duas correntes interferem precisamente em John DEWEY que, já em 1896, criava uma escola experimental onde o trabalho dos alunos era centrado sobre os interesses ou necessidades características de cada idade.

Na mesma época, sofrendo sobretudo a influência do antropólogo Joseph SERGI, que procurava renovar a pedagogia pelo estudo da criança, Maria MONTESSORI, encarregada na Itália da educação de crianças retardadas, se dedicava à análise desses anormais. Descobrindo que o caso deles era mais de ordem psicológica do que médica, ela ao mesmo tempo deparava com questões as mais centrais do desenvolvimento intelectual e da pedagogia das crianças. Generalizando com uma mestria fora do comum, Madame MONTESSORI de fato aplicou imediatamente aos normais o que lhe ensinavam os débeis: durante os estágios inferiores, a criança aprende mais pela ação do que pelo pensamento; um material conveniente, que sirva para alimentar esta ação, conduz mais rapidamente ao conhecimento do que os melhores livros e do que a própria linguagem. Dessa forma, observações benfeitas por uma assistente de psiquiatria sobre o mecanismo mental dos retardados constituíram o ponto de partida de um método geral cujas repercussões no mundo inteiro foram incalculáveis.

Ora, um outro médico, igualmente informado dos problemas psicológicos, estudava na mesma época em Bruxelas os anormais e tirava daí, ele também, toda uma pedagogia. Foi, com efeito, da análise psíquica dos retardados que DECROLY tirou seu célebre método global para o aprendizado da leitura, do cálculo etc., e sua dou-

134   JEAN PIAGET

trina geral dos centros de interesse e do trabalho ativo. Nada mais interessante que a sincronia das descobertas de DEWEY, MONTESSORI e DECROLY. Isso mostra como as ideias do trabalho baseado no interesse e na atividade preparando o pensamento estavam em germe em toda a psicologia (a psicologia sobretudo) desse fim do século XIX. Nesse caso, se as coisas são mais complexas, elas são mais claras do ponto de vista das ideias psicológicas. A escola ativa se implantou, nos países germânicos, em inúmeras instituições de preparação profissional que habituavam os espíritos à utilização do trabalho manual e da pesquisa prática como complementos indispensáveis ao ensino teórico. Mas como se passou dessa fase, que não tem parentesco direto com a escola ativa, ao período decisivo durante o qual a atividade livre foi colocada no centro da educação? É claro que o trabalho manual nada tem em si mesmo de ativo se não for inspirado pela pesquisa espontânea dos alunos, mas pelas únicas diretivas do professor, e que, mesmo entre as crianças, a atividade – no sentido de esforço baseado no interesse – pode ser tanto reflexiva e puramente gnóstica quanto prática e manual. Se a utilização dos trabalhos manuais facilitou, portanto, na Alemanha, a descoberta dos métodos ativos, ela está longe de explicá-los.

A passagem ocorreu sobretudo com KERCHENSTEINER, quando, em 1895, jovem professor de ciências, ele se consagrou à reflexão pedagógica para reorganizar as escolas de Munique. Utilizando o conjunto de trabalhos da psicologia alemã e sobretudo da psicologia infantil (ele próprio publicou, em 1906, os resultados de uma vasta pesquisa sobre desenho, que dirigiu pessoalmente, entre milhares de escolares bávaros), chegou à sua ideia central: a escola tem por fim desenvolver a espontaneidade do aluno. É a ideia da *Arbeitschule*, que P. BOVET traduziu por "escola ativa". Além disso, quer se leia MEUMANN, LAVY ou MESMER, ficar-se-á convencido de que na Alemanha, como em outros países, os métodos novos se desenvolveram em estreita conexão com a psicologia; as pesquisas sobre o desenvolvimento da criança, os estudos sobre a vontade e o ato

PSICOLOGIA E PEDAGOGIA 135

do pensamento, as análises da percepção – tudo foi utilizado pelos inovadores alemães.

No entanto, foi na Suíça que a famosa teoria de KARL GROOS – o jogo é um exercício preparatório; logo, apresenta uma significação funcional – encontrou sua primeira aplicação pedagógica. É na verdade a CLAPARÈDE, que desde seus primeiros trabalhos havia reagido contra o associacionismo e defendido um ponto de vista dinâmico e funcional, que se deve a compreensão da importância da doutrina de GROOS para a educação. Daí os métodos de ensino e os jogos educativos desenvolvidos na Maison des Petits de Genebra, como também o movimento dirigido por ele – antes e depois da criação do Instituto J.-J. Rousseau – em favor de um ensino simultâneo da infância e das técnicas educativas: *discat a puero magister*, esta é a divisa da instituição que ele fundou com P. BOVET.

É impossível terminar estas breves indicações sem lembrar a grande importância que teve no começo do século a obra de um dos mais originais dentre os psicólogos infantis, Alfred BINET. Se não promoveu na própria França um movimento pedagógico localizado e característico – talvez porque ele próprio nunca tenha querido ensinar –, suas pesquisas tiveram as maiores repercussões, diretas e indiretas. Em especial sua realização prática de testes deu origem a numerosos trabalhos sobre a medida do desenvolvimento mental e das aptidões individuais; se os testes não deram tudo o que deles se esperava, os problemas suscitados por eles ultrapassaram em interesse o que se podia prever no início da sua utilização: ou serão encontrados um dia bons testes, ou os testes ficarão na história como o tipo do erro fecundo. Por outro lado, com sua teoria da inteligência e seu livro *Les idées modernes sur les enfants,* BINET prestou muitos outros serviços à educação moderna.

2

PRINCÍPIOS DE EDUCAÇÃO
E DADOS PSICOLÓGICOS

Educar é adaptar o indivíduo ao meio social ambiente. Mas os novos métodos procuram favorecer esta adaptação utilizando as tendências próprias da infância como também a atividade espontânea inerente ao desenvolvimento mental, e isto na intenção de que a própria sociedade será enriquecida. A educação moderna só poderia, portanto, ser compreendida em seus métodos e suas aplicações tomando-se o cuidado de analisar em detalhes os seus princípios e de controlar o seu valor psicológico pelo menos em quatro pontos: a significação da infância, a estrutura do pensamento da criança, as leis de desenvolvimento e o mecanismo da vida social infantil.

A escola tradicional impõe ao aluno a sua tarefa: ela o "faz trabalhar". Sem dúvida a criança pode colocar nesse trabalho uma parte maior ou menor de interesse e de esforço pessoal, na medida em que o professor é bom pedagogo, a colaboração entre os alunos e ele deixa uma margem apreciável à atividade verdadeira. Mas, dentro da lógica do sistema, a atividade intelectual e moral do aluno permanece heterônoma porque ligada à pressão contínua do professor, suscetível, por sua vez, seja de manter-se inconsciente, seja de ser aceita de bom grado. A escola moderna, ao contrário, apela para a atividade real, para o trabalho espontâneo baseado na necessidade e no interesse pessoal. Isto não significa, como diz muito bem CLAPARÈDE, que a educação ativa exige que as crianças façam

PSICOLOGIA E PEDAGOGIA 137

tudo o que queiram; "ela exige que eles queiram tudo o que façam; que ajam, não que sejam manipulados" (*L'éducation fonctionelle*, p. 252). A necessidade, o interesse resultante da necessidade, "eis o fator que fará de uma reação um ato verdadeiro" (p. 195). A lei do interesse é, pois, "o único eixo em torno do qual se deve mover todo o sistema" (p. 197). Ora, uma tal concepção implica numa noção precisa do significado da infância e de suas atividades. Porque, para repetir com DEWEY e CLAPARÈDE que o trabalho obrigatório é uma anomalia antipsicológica e que toda atividade fecunda supõe um interesse, expomo-nos a parecer que repetimos simplesmente o que os grandes clássicos tantas vezes afirmaram; por outro lado, ao oferecer à criança a possibilidade de um trabalho pessoal durável, postulamos precisamente o que se trata de demonstrar. A infância é capaz dessa atividade, característica das condutas mais elevadas do próprio adulto – a procura contínua, surgida de uma necessidade espontânea? –, problema central da educação moderna.

Uma observação decisiva de CLAPARÈDE nos ajudará a esclarecer alguns pontos dessa discussão. Se distinguimos, de um lado, a estrutura do pensamento e as operações psíquicas (isto é, o que, do ponto de vista psicológico, corresponde aos órgãos e à anatomia do organismo) e de outro lado o funcionamento (isto é, o que corresponde às relações funcionais estudadas pela fisiologia), podemos dizer que a pedagogia tradicional atribuía à criança uma estrutura mental idêntica à do adulto, mas um funcionamento diferente: "ela encarava de bom grado a criança... como sendo capaz, por exemplo, de apreender tudo o que é logicamente evidente, ou de compreender a profundidade de certas regras morais; mas, ao mesmo tempo, ela a considerava funcionalmente diversa do adulto, no sentido de que, enquanto o adulto tem necessidade de uma razão, de um móvel, para agir, a criança seria capaz de agir sem motivo, de adquirir sob encomenda os conhecimentos mais díspares, de fazer não importa que trabalho, simplesmente porque lhe é exigido pela escola, mas sem que esse trabalho responda a qualquer necessidade emanada da própria criança, de sua vida de criança" (*L'éducation fonctionnelle*, págs. 246-247).

138   JEAN PIAGET

Ora, o contrário é que é verdadeiro. As estruturas intelectuais e morais da criança não são as nossas; aliás, os novos métodos de educação se esforçam para apresentar às crianças de diferentes idades as matérias de ensino sob formas assimiláveis à sua estrutura e aos diferentes estágios de seu desenvolvimento. Mas, quanto à relação funcional, a criança é idêntica ao adulto; como este último, ela é um ser ativo cuja ação, regida pela lei do interesse ou da necessidade, só poderá dar seu pleno rendimento se se fizer um apelo aos móveis autônomos dessa atividade. Da mesma forma que o girino já respira, mas com outros órgãos que os da rã, a criança também age como o adulto, mas com uma mentalidade cuja estrutura varia de acordo com os estágios de desenvolvimento.

O que é, então, a infância? E como ajustar as técnicas educativas a seres ao mesmo tempo tão semelhantes e tão diferentes de nós? A infância, para os teóricos da escola moderna, não é um mal necessário; é uma etapa biologicamente útil, cujo significado é o de uma adaptação progressiva ao meio físico e social.

Ora, a adaptação é um equilíbrio – equilíbrio cuja conquista dura toda a infância e adolescência e define a estruturação própria destes períodos da existência – entre dois mecanismos indissociáveis: a assimilação e a acomodação. Diz-se, por exemplo, que um organismo é adaptado quando ele pode, ao mesmo tempo, conservar sua estrutura assimilando a ela os alimentos tirados do exterior e acomodar essa estrutura às diversas particularidades desse meio: a adaptação biológica é, portanto, um equilíbrio entre a assimilação do meio ao organismo e a acomodação deste àquele. Da mesma forma, pode-se dizer que o pensamento é adaptado a uma realidade particular quando ele conseguiu assimilar aos seus próprios quadros essa realidade, ao mesmo tempo que acomodava aqueles às novas circunstâncias apresentadas por esta: a adaptação intelectual é, então, o equilíbrio entre a assimilação da experiência às estruturas dedutivas e a acomodação dessas estruturas aos dados da experiência. De uma maneira geral, a adaptação supõe uma interação tal entre o sujeito e o objeto, que o primeiro possa incorporar a si o segundo levando em conta as suas particularidades; a adaptação é tanto maior

PSICOLOGIA E PEDAGOGIA 139

quanto forem mais bem diferenciadas e mais complementares essa assimilação e essa acomodação.

Ora, a característica da infância é precisamente ter que encontrar esse equilíbrio por uma série de exercícios ou de condutas *sui generis*, por uma atividade de estruturação contínua, partindo de um estado de indiferenciação caótica entre o sujeito e o objeto. De fato, no ponto de partida de sua evolução, a criança é chamada, em sentidos contrários, por duas tendências ainda não harmonizadas entre si e que permanecem indiferenciadas na medida em que não encontram equilíbrio uma em relação à outra. De um lado, é sem cessar obrigada a acostumar seus órgãos sensorimotores ou intelectuais à realidade exterior, às particularidades das coisas, de que deve aprender tudo. E essa acomodação contínua – que se prolonga na imitação quando os movimentos do sujeito se aplicam o suficiente nos caracteres do objetivo – constitui uma primeira necessidade de sua ação. Mas de outro lado, e isto em geral foi menos bem compreendido, salvo precisamente pelos práticos e os teóricos da escola moderna, para acomodar sua atividade às propriedades das coisas, a criança tem necessidade de assimilá-las e de se incorporar verdadeiramente a eles. Os objetos só têm interesse no início da vida mental na medida em que constituem alimentos para a atividade própria, e essa assimilação contínua do mundo exterior ao eu, se bem que antiética no sentido da própria acomodação, é tão confundida com ela durante os primeiros estágios que a criança começa por não estabelecer uma fronteira nítida entre sua atividade e a realidade exterior, entre o sujeito e o objeto.

Embora estas considerações possam parecer muito teóricas, elas são fundamentais para a escola. De fato, a assimilação sob sua forma mais pura, isto é, enquanto ela não está em nada equilibrada à acomodação no real, nada mais é que o jogo, e o jogo, que é uma das atividades infantis mais características, encontrou precisamente nas técnicas novas de educação das crianças uma utilidade que permanece inexplicável se não se precisar o significado desta função em relação ao conjunto da vida mental e da adaptação intelectual.

O jogo

O jogo é um caso típico das condutas negligenciadas pela escola tradicional, dado o fato de parecerem destituídas de significado funcional. Para a pedagogia corrente, é apenas um descanso ou o desgaste de um excedente de energia. Mas esta visão simplista não explica nem a importância que as crianças atribuem aos seus jogos e muito menos a forma constante de que se revestem os jogos infantis, simbolismo ou ficção, por exemplo.

Depois de ter estudado os jogos dos animais, Karl GROOS chegou a uma concepção completamente diversa, segundo a qual o jogo é um exercício preparatório, útil ao desenvolvimento físico do organismo. Da mesma maneira que os jogos dos animais constituem o exercício de instintos precisos, como os de combater ou caçar, também a criança que joga desenvolve suas percepções, sua inteligência, suas tendências à experimentação, seus instintos sociais etc. É pelo fato do jogo ser um meio tão poderoso para a aprendizagem das crianças que, em todo lugar onde se consegue transformar em jogo a iniciação à leitura, ao cálculo ou à ortografia observa-se que as crianças se apaixonam por essas ocupações comumente tidas como maçantes.

Mas a interpretação de Karl GROOS, que permanece uma simples descrição funcional, só adquire sua plena significação na medida em que se pode apoiá-la na noção de assimilação. Durante o primeiro ano, por exemplo, é fácil observar além das condutas de adaptação propriamente ditas, no decorrer das quais a criança procura apreender o que vê, balançar, sacudir, esfregar etc., comportamentos de simples exercício caracterizados pelo fato de que os objetos não têm nenhum interesse em si mesmos mas são assimilados, a título de puros alimentos funcionais, àquelas mesmas formas de atividade própria; em tais casos, nos quais é preciso procurar o ponto de partida do jogo, as condutas se desenvolvem funcionando – de acordo com a lei geral da assimilação funcional – e os objetos a que se referem não têm outra significação para a criança além de servir a este exercício. Em sua origem sensorimotora, o jogo é ape-

PSICOLOGIA E PEDAGOGIA 141

nas uma pura assimilação do real ao eu, no duplo sentido do termo: no sentido biológico da assimilação funcional – que explica por que os jogos de exercícios desenvolvem realmente os órgãos e as condutas – e no sentido psicológico de uma incorporação das coisas à atividade própria.

Quanto aos jogos superiores, ou jogos de imaginação simbólicos, Karl GROOS sem dúvida fracassou em explicá-los, pois a ficção ultrapassa de muito, na criança, o simples pré-exercício dos instintos particulares. A brincadeira de boneca não serve somente para desenvolver o instinto maternal, mas para representar simbolicamente, e portanto reviver, transformando-o segundo as necessidades, o conjunto de realidades vividas pela criança e ainda não assimiladas. Sob este ponto de vista, o jogo simbólico se explica também pela assimilação do real ao eu: ele é o pensamento individual em sua forma mais pura; em seu conteúdo, ele é o desenvolvimento do eu e a realização dos desejos por oposição ao pensamento racional socializado que adapta o eu ao real e exprime as verdades comuns; em sua estrutura, o símbolo representado é para o indivíduo o que o signo verbal é para a sociedade.

O jogo é, portanto, sob as suas duas formas essenciais de exercício sensorimotor e de simbolismo, uma assimilação do real à atividade própria, fornecendo a esta seu alimento necessário e transformando o real em função das necessidades múltiplas do eu. Por isso os métodos ativos de evolução das crianças exigem todos que se forneça às crianças um material conveniente, a fim de que, jogando, elas cheguem a assimilar as realidades intelectuais que, sem isso, permanecem exteriores à inteligência infantil.

Contudo, se a assimilação é necessária à adaptação, ela constitui apenas um de seus aspectos. A adaptação completa que deve ser realizada pela infância consiste numa síntese progressiva da assimilação com a acomodação. É por isso que, pela própria evolução interna, os jogos das crianças se transformam pouco a pouco em construções adaptadas, exigindo sempre mais de trabalho efetivo, a ponto de, nas classes pequenas de uma escola ativa, todas as transições espontâneas ocorrerem entre o jogo e o trabalho. Mas, sobretudo, desde os primeiros meses de existência, a síntese de assimilação e da acomodação se realiza graças à própria inteligência, cuja obra unificadora aumenta com a idade e da qual convém agora destacar a atividade real, já que nessa noção está baseada a educação moderna.

A inteligência

Para a psicologia clássica, a inteligência era concebida seja como uma faculdade dada de uma vez por todas e suscetível de conhecer o real, seja como um sistema de associações mecanicamente adquiridas sob a pressão das coisas. Daí, tínhamos dito, a importância atribuída pela pedagogia antiga à receptividade e à organização da memória. Atualmente, ao contrário, a psicologia mais experimental reconhece a existência de uma inteligência que ultrapassa as associações e os hábitos e atribui a essa inteligência uma atividade verdadeira e não somente a faculdade do saber.

Para uns, tal atividade consiste em ensaios e erros, de início práticos e exteriores, depois interiorizando-se sob a forma de uma construção mental de hipóteses e de uma pesquisa dirigida pelas próprias representações (CLAPARÈDE). Para outros, ela implica uma reorganização contínua do campo das percepções e uma estruturação criadora (KOHLER etc.). Mas todos concordam em admitir que a inteligência começa sendo prática ou sensorimotora, só se interiorizando pouco a pouco em pensamento propriamente dito, e reconhecem que sua atividade é uma construção contínua.

O estudo do aparecimento da inteligência no decorrer do primeiro ano parece indicar que o funcionamento intelectual não procede nem por tateamento nem por uma estruturação puramente endógena, mas por uma atividade estruturante que implica ao mesmo tempo em formas elaboradas pelo sujeito e num ajustamento contínuo dessas formas aos dados da experiência. Isto é, a inteligência é a adaptação por excelência, o equilíbrio entre a assimilação contínua das coisas à atividade própria e a acomodação desses esquemas assimiladores aos objetos em si mesmos.

PSICOLOGIA E PEDAGOGIA

É assim que, no plano da inteligência prática, a criança só compreende os fenômenos (por exemplo, as relações espaciais, causais etc.) assimilando-os à sua atividade motora, mas ela acomoda, por sua vez, esses esquemas de assimilação aos detalhes dos fatos exteriores. Também, os estágios inferiores do pensamento da criança mostram uma assimilação constante das coisas à ação do sujeito, unida a uma acomodação não menos sistemática desses esquemas à experiência. Depois, à medida que a assimilação combina melhor com a acomodação, a primeira se reduz à atividade dedutiva em si mesma, a segunda à experimentação, e a união das duas transforma-se nessa relação indissociável entre a dedução e a experiência, relação que caracteriza a razão.

Assim concebida, a inteligência infantil não poderia ser tratada, muito menos que a inteligência adulta, por métodos pedagógicos de pura receptividade. Toda inteligência é uma adaptação; toda adaptação comporta uma assimilação das coisas do espírito, como também o processo complementar de acomodação. Logo, qualquer trabalho de inteligência repousa num interesse.

O interesse não é outra coisa, com efeito, senão o aspecto dinâmico da assimilação. Como foi mostrado profundamente por DEWEY, o interesse verdadeiro surge quando o eu se identifica com uma ideia ou um objeto, quando encontra neles um meio de expressão e eles se tornam um alimento necessário à sua atividade. Quando a escola ativa exige que o esforço do aluno venha dele mesmo sem ser imposto, e que sua inteligência trabalhe sem receber os conhecimentos já todos preparados de fora, ela pede simplesmente que sejam respeitadas as leis de toda inteligência. No adulto, ainda, o intelecto só pode, com efeito, funcionar e dar ocasião a um esforço da personalidade inteira se seu objeto está assimilado a esta em vez de ficar exterior. Com maior razão na criança, já que nela a assimilação ao eu não é de forma alguma equilibrada de início com a acomodação às coisas e necessita de um exercício lúdico e contínuo à margem da adaptação propriamente dita.

A lei do interesse, que domina ainda o funcionamento intelectual do adulto, é então verdadeira *a fortiori* para a criança, cujos interesses não são de forma alguma coordenados e unificados, o que exclui nela, ainda mais que em nós, a possibilidade de um trabalho heterônomo do espírito. Daí o que CLAPARÈDE chama de lei da autonomia funcional: "A cada instante do seu desenvolvimento, um ser animal constitui uma unidade funcional, isto é, suas capacidades de reação são ajustadas às suas necessidades." (*L'éducation fonctionnelle*).

Já vimos que se o funcionamento do espírito é o mesmo em todos os níveis, as estruturas mentais particulares são suscetíveis de variação. Acontece com as realidades psíquicas o mesmo que com os organismos: as grandes funções são constantes, mas podem ser exercidas por órgãos diferentes. Ora, se a educação moderna quer que se trate a criança como autônoma, do ponto de vista das condições funcionais de seu trabalho, ela exige, por outro lado, que se considere sua mentalidade do ponto de vista estrutural. Aí está a sua segunda originalidade notável.

De fato, a educação tradicional sempre tratou a criança como um pequeno adulto, um ser que raciocina e pensa como nós, mas desprovido simplesmente de conhecimentos e de experiência. Sendo a criança, assim, apenas um adulto ignorante, a tarefa do educador não era tanto a de formar o pensamento, mas sim de equipá-lo; as matérias fornecidas de fora eram consideradas suficientes ao exercício. O problema é todo outro quando se parte da hipótese das variações estruturais. Se o pensamento da criança é qualitativamente diferente do nosso, o objetivo principal da educação é compor a razão intelectual e moral; como não se pode moldá-la de fora, a questão é encontrar o meio e os métodos convenientes para ajudar a criança a constituí-la por si mesma, isto é, alcançar no plano intelectual a coerência e a objetividade e no plano moral a reciprocidade.

É fundamentalmente importante para a escola moderna saber qual é a estrutura de pensamento da criança e quais são as relações entre a mentalidade infantil e a do adulto. Todos os criadores da escola ativa tiveram, seja a intuição global, seja o conhecimento preciso, acerca deste ou daquele ponto particular da psicologia da criança, das diferenças estruturais entre a criança e o estado adulto.

PSICOLOGIA E PEDAGOGIA 145

ROUSSEAU já afirmava que cada idade tem seus modos de pensar; mas esta noção só se tornou positiva com a psicologia do século XX, graças aos seus trabalhos sobre a própria criança e, em parte, às concepções da psicologia e da sociologia comparada. Assim, nos Estados Unidos, depois das pesquisas de Stanley HALL e de sua escola, por um lado, e dos colaboradores de DEWEY por outro (entre eles, I. KING), um profundo teórico. J. M. BALDWIN, estabeleceu (de uma maneira infelizmente bem pouco experimental) o programa de uma "lógica genética": só a ideia de uma tal disciplina é cheia de significação; ela mostra como se está habituado a pensar, ao contrário do que acreditavam no século XIX os positivistas e os racionalistas, que a razão evolui em sua própria estrutura e se constrói verdadeiramente durante a infância. Na Europa, os trabalhos de DECROLY e de CLAPARÈDE sobre as percepções infantis, de STERN sobre a linguagem infantil, de K. GROOS sobre o jogo, sem falar das hipóteses tiradas de estudos famosos sobre a mentalidade primitiva e das análises dos freudianos sobre o pensamento simbólico, conduziram as ideias análogas. Parece-nos necessário dedicar algumas linhas à discussão deste problema, que condiciona o julgamento que é conveniente fazer sobre os novos métodos de educação.

Lógica do adulto, lógica da criança

No que se refere à educação intelectual, a questão crucial é a da lógica da criança.

Se ela raciocina da mesma maneira que nós, a escola tradicional está justificada em lhe apresentar as matérias de ensino como se se tratasse de conferências dadas a adultos. Mas basta analisar de idade para idade os resultados de lições de aritmética ou de geometria na escola primária para se dar conta, logo de início, do enorme hiato que existe entre uma teoria adulta, mesmo elementar, e a compreensão das crianças de menos de 11-12 anos.

É preciso destacar uma primeira diferença que, por si só, justificaria os esforços da escola ativa; é a que se refere às relações

146   JEAN PIAGET

entre a inteligência gnóstica ou reflexiva e a inteligência prática ou sensorimotora. A um nível suficientemente elevado do desenvolvimento mental, a prática aparece como uma aplicação da teoria. Assim é que desde muito tempo a indústria ultrapassou o estágio do empirismo para beneficiar-se cada dia das aplicações da ciência. Da mesma forma, no indivíduo normal, a solução de um problema de inteligência prática resulta seja de representações teóricas claras, seja de um tatear empírico, mas no qual não é difícil reencontrar incessantemente a influência de conhecimentos refletidos anteriores. Por isso é que o ensino tradicional presume princípios teóricos: aprende-se, por exemplo, a gramática antes de se exercitar a eloquência, aprendem-se as regras de cálculo antes de se resolver problemas etc.

Ora, antes de qualquer linguagem, e, por conseguinte, qualquer pensamento conceptual e refletido, desenvolve-se na criança uma inteligência sensorimotora ou prática, que vai tão longe na conquista das coisas que constrói, por si só, o essencial do espaço e do objeto, da causalidade e do tempo – em suma, organiza já no plano da ação todo um universo sólido e coerente (J. PIAGET, *La naissance de l'intelligence chez l'enfant* e *La construction du réel chez l'enfant*). Achamos que ainda existe na criança em idade escolar uma inteligência prática servindo de subestrutura à inteligência conceitual e cujos mecanismos parecem ser independentes desta última e inteiramente originais (ANDRÉ REY, *L'intelligence pratique chez l'enfant*).

Ora, se as relações entre esses dois tipos de inteligência são ainda mal esclarecidas no detalhe, pode-se, no entanto, dizer com certeza que, nas crianças, a inteligência prática precede a inteligência refletida, e que esta consiste, em boa parte, numa tomada de consciência dos resultados daquela. Pelo menos, pode-se afirmar que esta não chega a criar alguma coisa nova, no plano dos sinais ou dos conceitos que é o seu, a não ser com a condição de fundamentar suas construções num embasamento organizado por aquela.

Por exemplo, no domínio da física espontânea da criança, esta chega a prever os fenômenos bem antes de saber explicá-los (a lega-

PSICOLOGIA E PEDAGOGIA   147

lidade proveniente da inteligência prática precede a causalidade que
requer dedução reflexiva), mas a explicação justa consiste numa
tomada de consciência progressiva dos motivos que guiaram a pre-
visão (J. PIAGET, *La causalité physique chez l'enfant*).

Vê-se, em suma, que a adaptação prática, longe de ser, nas
crianças, uma aplicação do conhecimento conceptual, constitui ao
contrário a primeira etapa do próprio conhecimento e a condição
necessária a qualquer conhecimento refletido ulterior.

É por isso que os métodos ativos de educação das crianças
têm muito mais êxito que os outros no ensino dos ramos abstratos
tais como a aritmética e a geometria: quando a criança, por assim dizer, manipulou números ou superfícies antes de conhecê-los
pelo pensamento, a noção que deles adquire posteriormente consiste, de fato, numa tomada de consciência dos esquemas ativos
já familiares, e não, como nos métodos ordinários, em um conceito verbal acompanhado de exercícios formais e sem interesse, sem subestrutura experimental anterior. A inteligência prática
é, portanto, um dos dados psicológicos essenciais sobre os quais
repousa a educação ativa. Mas, para prevenir qualquer equívo-
co, observemos de passagem que o termo "ativo" é tomado aqui
num sentido completamente diverso. Como disse CLAPARÈDE
(*L'éducation fonctionelle*, p. 205), o termo atividade é ambíguo
e pode ser tomado seja no sentido funcional de uma conduta baseada no interesse, seja no sentido de efetuação, designando uma
operação exterior e motora. Ora, somente a primeira dessas duas
atividades caracteriza a escola ativa em todos os graus (pode-se
ser, no primeiro sentido, ativo em puro pensamento), enquanto a
segunda atividade é sobretudo indispensável às crianças e diminui
de importância com a idade.

Mas a inversão das relações entre a inteligência prática ou sensorimotora e a inteligência refletida está longe de ser a única diferença
estrutural que opõe o pensamento da criança ao nosso. No plano
propriamente conceptual, é preciso destacar na criança particularidades notáveis, também importantes do ponto de vista da prática
do ensino. Elas se referem pelo menos a três domínios essenciais da

estrutura lógica do pensamento: os princípios formais, a estrutura das classes ou conceitos e a estrutura das relações.

No que se refere a elas, existe, parece, uma verdade de observação da qual convém partir. A criança não é de forma alguma capaz, antes dos 10-11 anos, de um raciocínio formal, isto é, de deduções que se refiram a dados simplesmente assumidos e não a verdades observadas (J. PIAGET, *Le jugement et le raisonnement chez l'enfant*).

Por exemplo, uma das dificuldades dos problemas comuns de matemáticas para crianças é a de elas terem que se limitar aos termos do problema em vez de recorrerem a lembranças concretas da experiência individual. De maneira geral, existe uma impossibilidade para a criança, antes de cerca de 10 anos, de compreender a natureza hipotético-dedutiva e não empírica da verdade matemática: podemos, portanto, espantar-nos de que a pedagogia clássica imponha sob este ponto de vista, aos alunos, uma maneira de raciocinar que os gregos conquistaram com grande esforço depois de séculos de aritmética e de geometria empíricas. Por outro lado, as análises que pudemos fazer de certos raciocínios simplesmente verbais mostram igualmente a dificuldade do raciocínio formal antes dos 10-11 anos. A partir daí, podemos perguntar-nos se a criança possui, como nós, os princípios de identidade, de não contradição, de dedução etc., e propor-nos a esse respeito os mesmos problemas que LÉVY-BRUHL a respeito dos não civilizados.

A resposta, parece-nos, deve levar em conta a distinção já mencionada entre funções e estruturas. Indubitavelmente, do ponto de vista da função, a criança procura logo a coerência; é o que acontece com todo pensamento, e o seu obedece às mesmas leis funcionais que o nosso. Mas ela se contenta com outras formas de coerência que nós e – quando se trata de conceitos bem definidos necessários a esta estrutura especial, a coerência formal do pensamento – podemos dizer que não a atinge de uma vez. Ela raciocina frequentemente de uma maneira que, para nós, é contraditória.

Isso nos leva ao sistema das classes ou conceitos infantis. O uso quase exclusivo que a educação tradicional faz da linguagem, na ação

PSICOLOGIA E PEDAGOGIA 149

que exerce sobre o aluno, implica em que a criança elabore seus conceitos da mesma maneira que nós, e que assim se estabeleça uma correspondência termo a termo entre as noções do professor e as do aluno. Ora, o verbalismo, essa triste realidade escolar – proliferação de pseudonoções presas a palavras sem significações reais –, mostra bem que esse mecanismo não funciona sem dificuldades e explica uma das reações fundamentais da escola ativa contra a escola receptiva.

Isto é fácil de compreender. Os conceitos adultos codificados em linguagem intelectual e manipulados por profissionais da exposição oral e da discussão constituem instrumentos mentais que servem, essencialmente, de um lado para sistematizar os conhecimentos já adquiridos, e de outro para facilitar a comunicação e a permuta entre indivíduos. Ora, na criança, a inteligência prática ainda domina largamente a inteligência gnóstica; a procura vem antes do saber elaborado e, sobretudo, o esforço do pensamento fica muito tempo incomunicável e menos socializado que em nós. O conceito infantil depende, pois, em seu ponto de partida, do esquema sensorimotor, e permanece dominado durante anos pela assimilação do real ao eu mais do que pelas regras discursivas do pensamento socializado. A partir daí, ele atua muito mais por assimilação sincrética do que por generalização lógica. Se tentarmos submeter as crianças, antes dos 10-11 anos, a experiências referentes a essas operações constitutivas dos conceitos, que os lógicos chamaram de adição e multiplicação lógicas, constataremos uma dificuldade sistemática em aplicá-las. A análise da compreensão verbal da criança mostra, por outro lado, os mesmos processos de fusão global e sincrética que DECROLY e CLAPARÈDE tinham observado no plano da percepção. Em suma, a criança ignora por muito tempo os sistemas hierarquizados de conceitos bem delimitados, as inclusões e as disjunções abertas; ela não alcança logo de início a coerência formal e raciocina graças a uma espécie de dedução mal regulada e sem generalidade nem necessidade verdadeiras, que W. STERN chama de transdução.

Quanto ao que os lógicos chamaram de lógica das relações, a diferença é ainda mais visível entre o pensamento da criança e a razão elaborada.

Ao lado dos julgamentos predicativos, sabemos que existem julgamentos que compreendem entre si termos não incluídos um no outro; esse sistema de relações é mais fundamental que aquele dos conceitos: o primeiro serve para constituir o segundo.

Ora, na ordem genética, as relações aparecem muitas vezes como primitivas na criança; elas estão em uso desde o plano sensorimotor; mas sua manipulação no plano da inteligência refletida permanece difícil durante muito tempo: o pensamento individual começa, de fato, julgando todas as coisas de um ponto de vista próprio – e considerando como absolutos os caracteres que reconhecerá como relativos a seguir. Perguntemos a crianças pequenas qual é a mais pesada de três caixas de aspecto idêntico, das quais a primeira é mais leve que a segunda e mais pesada que a terceira, e elas vão raciocinar muitas vezes da seguinte forma: as duas primeiras são leves, a primeira e a terceira são pesadas, logo a terceira é a mais pesada e a segunda, a mais leve.

O pensamento da criança funciona como o nosso e apresenta as mesmas funções especiais de coerência, de classificação, de explicação e de relacionamento etc. Mas as estruturas lógicas particulares que preenchem as funções são suscetíveis de desenvolvimento e de variação. Assim, os práticos e teóricos da escola moderna viveram a considerar necessário apresentar à criança as matérias de ensino segundo regras muito diferentes daquelas às quais nosso espírito discursivo e analítico atribui o monopólio da clareza e da simplicidade. Encontraremos numerosos exemplos, especialmente no método de DECROLY, baseado nas noções de globalização ou de sincretismo.

OS ESTÁGIOS DO DESENVOLVIMENTO INFANTIL

Aqui se coloca um problema fundamental: o dos próprios mecanismos do desenvolvimento do espírito. Suponhamos que as variações estruturais do pensamento da criança sejam determinadas de dentro, segundo uma ordem rígida de sucessão e uma cronologia

PSICOLOGIA E PEDAGOGIA 151

constante, cada estágio vindo em sua hora e ocupando um período preciso da vida da criança; em poucas palavras, suponhamos que a evolução do pensamento individual seja comparável a uma embriologia regulada hereditariamente; as consequências disso seriam incalculáveis para a educação: o professor perderia seu tempo e seu esforço em querer apressar o desenvolvimento de seus alunos, o problema seria simplesmente o de encontrar os conhecimentos correspondentes a cada estágio e apresentá-los de maneira assimilável para a estrutura mental do nível considerado.

Inversamente, se o desenvolvimento da razão dependesse unicamente da experiência individual e das influências do meio físico e social, a escola poderia muito bem, ao mesmo tempo que considerasse a estrutura da consciência primitiva, acelerar a evolução a ponto de queimar etapas e de identificar o mais rapidamente possível a criança ao adulto.

Foram defendidas todas as opiniões no que se refere ao mecanismo do desenvolvimento e, se cada uma delas não deu lugar a aplicações pedagógicas duráveis, é que precisamente a vida escolar é uma experiência sistemática que permite estudar a influência do meio sobre o crescimento psíquico e, por conseguinte, afastar as interpretações muito aventureiras.

O desenvolvimento psíquico da criança, por exemplo, foi concebido como se desenrolando numa série de períodos determinados hereditariamente e correspondendo às etapas da humanidade. Assim é que Stanley HALL, sob a influência das ideias biológicas espalhadas no fim do século XIX – pretenso paralelismo ontofilogenético, ou hipótese de hereditariedade dos caracteres adquiridos – interpretou a evolução dos jogos infantis como uma recapitulação regular de atividades ancestrais. Esta teoria influenciou inúmeros pedagogos, sem dar lugar a nenhuma aplicação séria; do ponto de vista psicológico também não fica nada, e pesquisas recentes feitas nos Estados Unidos, sobre a sucessão dos jogos em função da idade, mostraram que as crianças americanas se preocupavam cada vez menos com as atividades ancestrais, mas se inspiravam cada vez mais em espetáculos oferecidos pelo meio contemporâneo. (Mrs. CURTI, *Child Psychology.*)

Por outro lado, a ideia de que entra no desenvolvimento intelectual uma parte notável de maturação interna independente do meio exterior ganha terreno. São necessários longos exercícios para aprender a andar antes da maturação dos centros interessados; mas proíba-se ao bebê qualquer tentativa antes desse momento ótimo, o andar será adquirido quase instantaneamente. Também, as pesquisas de GESELL sobre os gêmeos verdadeiros, os trabalhos de Ch. BÜHLER sobre as crianças albanesas enfaixadas até o dia em que, uma vez libertadas da sua prisão, queimam as etapas mostram que, nas aquisições mais influenciadas aparentemente pela experiência individual e o meio exterior, a maturação do sistema nervoso desempenha um papel fundamental. Ch. BÜHLER chega até a admitir que os estágios do desenvolvimento mental estabelecidos por ela constituem etapas necessárias e correspondem a idades constantes. Não é o momento de mostrar o exagero de uma tal concepção, mormente quando em nosso conhecimento ela não deu lugar a aplicações pedagógicas sistemáticas.

De outro lado, o desenvolvimento intelectual da criança foi concebido como consequência só da experiência. Segundo Mrs. ISAACS (*The Intellectual Growth of Young Children*), digna herdeira a este respeito do empirismo inglês, a estrutura mental hereditária da criação leva-a simplesmente a registrar as lições da realidade; ou melhor – pois mesmo o empirismo acredita atualmente numa atividade do espírito –, a criança é impelida por suas próprias tendências a organizar sem cessar experiências e a guardar seus resultados em vista de suas tentativas ulteriores.

Não é este o lugar apropriado para mostrar o quanto, do ponto de vista psicológico, um tal empirismo implica, apesar de tudo, na noção de uma estrutura assimiladora que evolui com a idade. Limitemo-nos a observar que, em suas aplicações pedagógicas, a doutrina chega a um otimismo tão grande como se o desenvolvimento fosse inteiramente determinado por fatores de maturação interna. De fato, na pequena escola de Malting House, em Cambridge, Mrs. ISAACS e seus colaboradores se abstinham rigorosamente de qualquer intervenção adulta, na ideia de que precisamen-

PSICOLOGIA E PEDAGOGIA 153

te o ensino e suas falhas técnicas é que impedem as crianças de trabalhar; mas ofereciam um verdadeiro equipamento de laboratório a fim de deixá-las organizarem por si mesmas as suas experiências. As crianças de 3 a 8 anos tinham à sua disposição o maior número possível de matérias-primas e de instrumentos; provetas, cristalizadores, bicos Bunsen etc., sem falar dos aparelhamentos de história natural. O resultado não deixou de ter interesse; muito jovens, as crianças não permaneciam de forma alguma inativas nesse meio propício à pesquisa, dedicando-se apaixonadamente a todas as espécies de manipulações que as interessavam, aprendiam realmente a observar e a raciocinar ao observarem, individualmente e em comum. Mas a impressão que tivemos, visitando essa espantosa escola experimental, foi dupla. Por um lado, mesmo essas circunstâncias excepcionalmente favoráveis não bastaram de nenhum modo para apagar os diferentes traços da estrutura mental da criança e se limitavam a acelerar a sua evolução. Por outro, parece-nos que alguma sistematização vinda do adulto talvez não tivesse sido inteiramente nociva aos alunos. Certamente, para poder tirar uma conclusão, seria necessário prosseguir com a experiência até o fim dos estudos secundários; mas é bem possível que o resultado mostrasse, mais do que o desejavam esses pedagogos, a carência de uma atividade racional, dedutiva, para dar um sentido à experiência científica, e a necessidade, para constituir essa razão na criança, de uma estrutura social que englobasse não só a cooperação entre as crianças, mas a cooperação com o adulto.

Quanto aos métodos novos de educação que tiveram o êxito mais duradouro e constituem sem dúvida o ponto de partida da escola ativa de amanhã, eles se inspiram todos mais ou menos na doutrina do justo meio, dando lugar de um lado à maturação estrutural e de outro às influências da experiência e do meio social e físico. Ao contrário da escola tradicional, que nega a existência do primeiro desses fatores, identificando desde o início a criança ao adulto, esses métodos consideram os estágios de desenvolvimento, mas, ao contrário das teorias baseadas na noção de uma maturação puramente hereditária, acreditam na possibilidade de agir sobre essa evolução.

O valor dos estágios em pedagogia

Como, então, interpretar, do ponto de vista da escola, as leis e os estágios do desenvolvimento intelectual? Tomaremos para exemplo o da causalidade na criança (PIAGET, *La représentation du monde chez l'enfant* e *La causalité pysique chez l'enfant*). Quando interrogamos crianças de diferentes idades sobre os principais fenômenos que as interessam espontaneamente, obtemos respostas bem diferentes segundo o nível dos sujeitos interrogados. Nos pequenos, encontramos todas as espécies de concepções cuja importância diminui consideravelmente com a idade: as coisas são dotadas de vida e de intencionalidade, são capazes de movimentos próprios, e esses movimentos destinam-se, ao mesmo tempo, a assegurar a harmonia do mundo e a servir ao homem. Nos grandes, não encontramos nada mais que representações da ordem da causalidade adulta, salvo alguns traços dos estágios anteriores. Entre os dois, de 8 a 11 anos mais ou menos, encontramos pelo contrário várias formas de explicações intermediárias entre o animismo artificialista dos menores e o mecanismo dos maiores; é o caso em particular de um dinamismo bastante sistemático, do qual várias manifestações lembram a física de Aristóteles, e que prolonga a física primitiva da criança enquanto prepara as ligações mais racionais.

Uma tal evolução das respostas, parece-nos, demonstra uma transformação estrutural do pensamento com a idade. Na verdade, esses mesmos resultados não foram encontrados em todos os meios, e essa mesma flutuação das respostas deve ser guardada cuidadosamente para a interpretação final do processo. Mas, se compararmos, no conjunto, as reações dos pequenos às dos grandes, é impossível deixar de admitir uma maturação; a causalidade científica não é inata, ela é construída pouco a pouco, e essa construção supõe tanto uma correção do egocentrismo inicial do pensamento (da assimilação ao eu de que falávamos mais acima) quanto uma adaptação do espírito às coisas.

Somente, daí a admitir estágios rígidos caracterizados por limites de idade constantes e por um conteúdo permanente de pensamento, há uma grande distância.

PSICOLOGIA E PEDAGOGIA 155

Inicialmente, as idades características que se obtêm, mesmo utilizando um grande número de crianças, são apenas médias; sua sucessão, embora globalmente real, não exclui nem os cavalgamentos, nem mesmo as regressões individuais momentâneas. A seguir, existem todas as espécies de decalagens quando passamos de uma prova especial a outra: uma criança que pertence a um dado estágio no que se refere a uma questão particular de causalidade pode muito bem estar num estágio mais avançado com respeito a uma questão de causalidade seguinte. Assim como na ciência uma concepção nova pode surgir em um campo qualquer sem penetrar antes de alguns anos em outras disciplinas, também uma conduta individual ou uma noção recente não se generaliza logo de início e cada problema comporta suas dificuldades próprias. Essas defasagens em extensão, se podemos nos exprimir assim, excluem provavelmente a possibilidade de estabelecer estágios gerais, salvo durante os dois ou três primeiros anos de existência.

Em terceiro lugar, existem, por assim dizer, as decalagens na compreensão: uma mesma noção pode aparecer no plano sensorimotor ou prático bem antes de ser objeto de uma tomada de consciência ou de uma reflexão (como vimos, acima, da lógica das relações); essa ausência de sincronismo entre os diferentes planos da ação e do pensamento complica ainda o quadro dos estágios. Enfim, e sobretudo (e não se teria insistido demais nesse ponto), cada estágio de desenvolvimento é muito menos caracterizado por um conteúdo fixo de pensamento do que por um certo poder, uma certa atividade potencial, suscetível de atingir este ou aquele resultado segundo o meio no qual vive a criança.

Tocamos aqui numa questão capital, tanto para a psicologia da criança em geral quanto para a educação moderna e a psicopedagogia; ela levanta questões análogas às da biologia genética.

Sabemos que numerosos problemas de hereditariedade permaneceram confusos enquanto não foram distinguidos, entre as variações animais e vegetais, os genótipos ou variações endógenas hereditárias, e os fenótipos ou variações não hereditárias, relativas ao meio. Ora, só são medidos diretamente os fenótipos, pois um organismo vive sempre num certo meio, e o genótipo é apenas o elemento imutável comum a todos os fenótipos da mesma raça pura. Mas esse imutável, se bem que supondo uma abstração da inteligência, é o que faz compreender o próprio mecanismo da variação. Da mesma forma em psicologia: o pensamento da criança (não mais, aliás, do que o do adulto) não pode jamais ser tomado em si mesmo e independentemente do meio.

A criança de um certo estágio fornecerá um trabalho diferente e dará respostas variáveis a questões análogas, de acordo com o seu meio familiar ou escolar, segundo a pessoa que o interroga etc. Não serão jamais obtidas assim, nas experiências, senão espécies de fenótipos mentais, e será sempre abusivo considerar esta ou aquela reação como uma característica absoluta, como o conteúdo permanente de um estágio considerado. Mas, comparando as respostas fornecidas por crianças do mesmo nível em meios diferentes a respostas dadas por sujeitos de outros níveis nos mesmos meios, conclui-se no entanto que traços comuns podem ser determinados e que essas características gerais são precisamente o índice da atividade potencial que diferencia os estágios uns em relação aos outros.

Sem que seja possível atualmente fixar com certeza o limite entre o que provém da maturação estrutural do espírito e o que emana da experiência da criança ou das influências de seu meio físico e social, pode-se, parece, admitir que dois fatores intervêm continuamente e que o desenvolvimento deve-se à sua interação contínua. Do ponto de vista da escola, isto significa, de um lado, que é preciso reconhecer a existência de uma evolução mental; que qualquer alimento intelectual não é bom indiferentemente a todas as idades; que se devem considerar os interesses e as necessidades de cada período. Isso significa também, por outro lado, que o meio pode desempenhar um papel decisivo no desenvolvimento do espírito; que a sucessão de estágios não é determinada uma vez por todas no que se refere às idades e aos conteúdos do pensamento; que métodos sãos podem, portanto, aumentar o rendimento dos alunos e mesmo acelerar seu crescimento espiritual sem prejudicar sua solidez.

A Vida Social da Criança

A questão da influência do meio sobre o desenvolvimento e o fato de que as reações características dos diferentes estágios sejam sempre relativas a um certo ambiente tanto quanto à própria maturação do espírito nos levam a examinar, no final desta breve exposição, o problema psicopedagógico das relações sociais próprias da infância. É um dos pontos sobre os quais a escola moderna e a escola tradicional se opõem da maneira mais significativa. A escola tradicional conhece apenas um tipo de relações sociais: a ação do professor sobre o aluno. Sem dúvida, as crianças de uma mesma classe constituem um verdadeiro grupo, sejam quais forem os métodos aplicados no trabalho, e a escola sempre aprovou a camaradagem e as regras de solidariedade e de justiça que se estabelecem numa tal sociedade. Mas, além das horas reservadas aos esportes e ao jogo, esta vida social entre crianças não é utilizada na própria classe; os exercícios falsamente chamados de coletivos são, na realidade, apenas uma justaposição de trabalhos individuais executados no mesmo local. A ação do professor sobre o aluno é, portanto, tudo. Ora, o professor estando revestido de autoridade intelectual e moral, e o aluno lhe devendo obediência, esta relação social pertence, da maneira a mais típica, ao que os sociólogos chamam de pressão, ficando claro que seu caráter coercitivo aparece somente no caso de não submissão e que em seu funcionamento normal esta pressão pode ser suave e facilmente aceita pelo aluno.

Os novos métodos de educação, por sua vez, reservaram em princípio um lugar essencial à vida social entre crianças. Desde as primeiras experiências de Dewey e Decroly, os alunos ficaram livres para trabalhar entre si e colaborar na pesquisa intelectual tanto quanto no estabelecimento de uma disciplina moral; esse trabalho em equipes e esse *self government* tornaram-se essenciais na prática da escola ativa. É importante discutir os problemas levantados por essa vida social infantil.

Do ponto de vista do comportamento hereditário, isto é, dos instintos sociais ou dessa sociedade que Durkheim dizia ser interior

158   JEAN PIAGET

aos indivíduos, porque ligada à constituição psicobiológica do organismo, a criança é social desde o primeiro dia. Ela sorri às pessoas a partir do segundo mês e procura o contato com outrem; sabemos quanto os bebês já são exigentes neste ponto e como têm necessidade de companhia se não os habituamos a horas bem regulares de atividade solitária. Mas, ao lado das tendências sociais interiores, existe a sociedade exterior aos indivíduos, ou seja, o conjunto de relações que se estabelece de fora entre eles: a linguagem, as trocas intelectuais, as ações morais, jurídicas, em suma, tudo o que é transmitido de geração em geração e constitui o essencial da sociedade humana, por oposição às sociedades animais baseadas no instinto. Ora, desse ângulo, e se bem que ela seja provida desde o início de tendências à simpatia e à imitação, a criança tem tudo a aprender. Ela parte, na verdade, de um estado puramente individual – o dos primeiros meses de existência, durante os quais nenhuma troca com outrem é possível – para chegar a uma socialização progressiva e que nunca termina. Ela não conhece, no ponto de partida, nem regras nem sinais e deve, através de uma adaptação gradual, feita pela assimilação dos outros a si e da própria acomodação a outrem, conquistar essas duas propriedades essenciais da sociedade exterior: a compreensão mútua baseada na palavra e a disciplina comum baseada nas normas de reciprocidade.

A partir daí, desse ponto de vista (mas desse único ponto de vista da sociedade exterior), pode-se dizer que a criança procede de um estado inicial de egocentrismo inconsciente, correlativo de sua indiferenciação do grupo.

De fato, de um lado as crianças (e isso desde a segunda metade do primeiro ano) não só procuram contato com outrem, mas o imitam continuamente e a esse respeito dão prova da máxima sugestibilidade: assim se apresenta, no plano social, este aspecto da adaptação que chamávamos acima de acomodação e cujo equivalente, no universo físico, é a submissão fenomenista aos aspectos exteriores da experiência. Mas de outro lado, e por isso mesmo, a criança assimila continuamente os outros a si mesma, isto é, permanecendo na superfície de sua conduta e de seus móveis, ela

PSICOLOGIA E PEDAGOGIA 159

só os compreende reduzindo tudo ao seu ponto de vista particular e projetando neles seus pensamentos e seus desejos. Enquanto ela não conquistou os instrumentos sociais de troca ou de compreensão mútua, e a disciplina que submete o eu às regras da reciprocidade, a criança não pode, é evidente, deixar de crer que está no centro do mundo social como do mundo físico e julgar tudo por assimilação egocêntrica a si mesma. À medida que, ao contrário, ela compreende o outro da mesma maneira que a si mesma, e dobra suas vontades e seu pensamento a regras bastante coerentes para permitir uma objetividade tão difícil, ela consegue ao mesmo tempo sair de si e tomar consciência de si, isto é, situar-se de fora no meio dos outros, descobrindo ao mesmo tempo sua própria personalidade e a de cada um.

Em suma, a revolução social da criança procede do egocentrismo à reciprocidade, da assimilação a um eu inconsciente de si mesmo à compreensão mútua constitutiva da personalidade, da indiferenciação caótica no grupo à diferenciação baseada na organização disciplinada.

Os efeitos do egocentrismo inicial

Examinemos inicialmente os efeitos do egocentrismo inicial. Esses efeitos observam-se em primeiro lugar no comportamento das crianças.

Nos jogos ou nas escolas onde as crianças são livres de trabalhar individualmente ou em comum, elas apresentam uma conduta muito característica. Gostam de estar juntas e procuram muitas vezes os grupos de duas ou três, mas, mesmo então, não procuram, em geral, coordenar seus esforços: cada uma age por si, com ou sem assimilação mútua.

Por exemplo, num jogo coletivo como o de bola, aos 5-6 anos ainda, cada uma aplica as regras à sua maneira e todo mundo ganha ao mesmo tempo. Nos jogos simbólicos ou nas construções, a mesma mistura de contato, de imitação grosseira e de reserva afetada inconsciente. Eis por que os métodos de trabalho em equipes fracassam com as crianças.

A linguagem das crianças em tais situações é também frequentemente significativa. Na Casa das Crianças de Genebra observamos nas crianças de 3 a 6 anos uma proporção muito forte de monólogos coletivos durante os quais cada uma fala por si, sem escutar realmente as outras (PIAGET, *Le langage et la pensée chez l'enfant*). Foram encontradas, em outros meios, frequências mais fracas dessa linguagem egocêntrica ou mesmo uma ausência relativa dessas manifestações (DELACROIX, *Le langage de l'enfant*). Mas parece-nos evidente que os solilóquios das crianças ou o monólogo coletivo constituem o tipo mesmo dessas características fenotípicas de um estágio, isto é, relativas não somente à criança, mas ainda ao meio no qual ela age. De fato, por um lado só se observam esses fenômenos nas crianças de menos de 7-8 anos e não nas grandes, o que mostra bem o quanto se trata de uma característica própria dos estágios inferiores. Por outro, essa característica só se manifesta em certos meios; ela pode ser reduzida ou se desenvolver segundo o ambiente escolar ou familiar, isto é, segundo a ação exercida pelo adulto.

Mas é sobretudo no ponto de vista intelectual que o egocentrismo é digno de atenção e constitui um fenômeno de importância geral. Já vimos que é a assimilação contínua do universo à atividade individual que explica o jogo.

O jogo simbólico, em particular, seria incompreensível sem essa assimilação do real ao pensamento, que dá conta muitas vezes da satisfação dos desejos próprios à imaginação lúcida e da estrutura simbólica do jogo por oposição à estrutura concepcional e verbal do pensamento socializado. O jogo é, assim, o tipo mais característico do pensamento egocêntrico, aquele para o qual o universo exterior não tem mais importância objetiva, mas é flexível ao sabor dos interesses do eu e serve simplesmente de instrumento ao seu desenvolvimento. Ora, se o jogo simbólico é apenas o pensamento individual buscando sua livre satisfação pela assimilação das coisas à atividade própria, o egocentrismo se manifesta na própria adaptação. O que, aliás, é natural, já que a adaptação é um equilíbrio entre a assimilação e a acomodação, e

PSICOLOGIA E PEDAGOGIA 161

que esse equilíbrio implica uma longa estruturação antes que seus dois processos possam tornar-se complementares.

Assim, os dois aspectos da lógica da criança, que indicamos acima como característicos da estrutura mental dos primeiros estágios do desenvolvimento, são estreitamente solidários do egocentrismo. Se a criança experimenta tanta dificuldade em manipular as relações no plano do pensamento, enquanto sua atividade motora já está adaptada às relações entre as coisas, é que a relatividade implica a reciprocidade das perspectivas e que antes de ter habituado seu espírito a esta reciprocidade graças às trocas interindividuais e à cooperação, o indivíduo permanece prisioneiro de seu próprio ponto de vista, que naturalmente considera como absoluto. De outro lado, se a criança tem tanta dificuldade em constituir conceitos verdadeiros e em manipular as operações da lógica das classes, é que a discussão e as necessidades discursivas da troca intelectual são indispensáveis para educar o espírito de análise e levar o espírito a reconhecer o valor das definições fixas e das concepções claras. De uma maneira geral, as regras formais da lógica constituem uma moral do pensamento, que só a cooperação e o respeito pela verdade que ela implica permitem constituir.

Os processos de socialização

Assim, em todos os domínios, e isto é ainda mais fácil de estabelecer do ponto de vista da moral que do ponto de vista intelectual, a criança permanece egocêntrica na medida em que não está adaptada às realidades sociais exteriores. Este egocentrismo constitui um dos aspectos de cada uma de suas estruturas mentais. Como então adaptar-se-á ela à vida social ou, dizendo melhor, quais são os processos da socialização?

Aqui se destaca a originalidade dos métodos novos de educação. A escola tradicional reduz toda socialização, intelectual ou moral, a um mecanismo de pressão. A escola ativa, em quase todas as suas realizações, distingue, ao contrário, cuidadosamente, dois proces-

162 JEAN PIAGET

sos de resultados bem diferentes e que só se tornam complementares com muito cuidado e tato: a pressão do adulto e a cooperação das crianças entre si.

A pressão do adulto tem resultados tanto mais importantes quanto responde a tendências muito profundas da mentalidade infantil. A criança, de fato, tem pelo adulto em geral, e inicialmente por seus pais, esse sentimento essencial, feito de uma mistura de medo e de afeição, que é o respeito: ora, como mostrou P. BOVET (*Les conditions de l'obligation de conscience, Année pshychologique*, 1912), o respeito não deriva nem, como pensava KANT, da lei como tal, nem, como queria DURKHEIM, do grupo social encarnado nos indivíduos; ele constitui um fato especial nas relações afetivas entre a criança e os adultos que a cercam, e explica, ao mesmo tempo, a obediência da criança e a constituição das regras imperativas. De fato, na medida em que uma pessoa é respeitada pela criança, as ordens e as proibições que ela dita são sentidas como obrigatórias. A gênese do sentimento do dever se explica assim pelo respeito, e não inversamente, o que basta para mostrar o significado essencial da ação do adulto sobre a criança.

Mas se, no ponto de partida do desenvolvimento, o adulto é assim a fonte de toda moralidade e de toda verdade, esta situação não está isenta de perigos. Do ponto de vista intelectual, por exemplo: o prestígio que ele possui aos olhos da criança faz com que esta aceite completamente acabadas as afirmações que emanam do professor, e que a autoridade a dispense da reflexão. Como a atitude egocêntrica leva precisamente o espírito à afirmação sem controle, o respeito ao adulto chega muitas vezes a consolidar o egocentrismo em lugar de corrigi-lo, substituindo sem mais a crença individual por uma crença baseada na autoridade – mas sem levar a esse raciocínio e a essa discussão que constituem a razão e que só o apoio mútuo e a troca verdadeira podem desenvolver. Do ponto de vista moral, o perigo é o mesmo; ao verbalismo da submissão intelectual corresponde uma espécie de realismo moral: o bem e o mal são simplesmente concebidos como sendo o que está ou não está em conformidade com a regra adulta. Essa moral essencialmente heterônoma da obediência leva a todas as espécies de deformações. Incapazes de propiciar à criança a autonomia da consciência pessoal que constitui a moral do bem por oposição àquela do puro dever, ela fracassa, assim, em preparar a criança para os valores essenciais da sociedade contemporânea.

Daí o esforço da nova pedagogia para suprir as insuficiências da disciplina imposta de fora por uma disciplina interior, baseada na vida social das próprias crianças.

Não somente elas, em suas próprias sociedades e em particular em seus jogos coletivos, são capazes de se imporem regras que respeitam muitas vezes com mais consciência e convicção do que certas ordens ditadas pelos adultos – mas todos sabem que, à margem da escola e de uma maneira mais ou menos clandestina, ou mesmo na classe algumas vezes em oposição ao professor, existe todo um sistema de ajuda mútua baseado numa solidariedade especial, assim como num sentimento *sui generis* de justiça. Os métodos novos tendem todos a utilizar essas forças coletivas em lugar de negligenciá-las ou deixá-las transformarem-se em poderes hostis.

A cooperação das crianças entre si apresenta, nesse sentido, uma importância tão grande quanto a ação dos adultos. Do ponto de vista intelectual, é ela que está mais apta a favorecer o intercâmbio real do pensamento e da discussão, isto é, todas as condutas suscetíveis de educarem o espírito crítico, a objetividade e a reflexão discursiva. Do ponto de vista moral, ela chega a um exercício real dos princípios da conduta, e não só a uma submissão exterior. Dizendo de outra maneira, a vida social, penetrando na classe pela colaboração efetiva dos alunos e a disciplina autônoma do grupo, implica o ideal mesmo de atividade que precedentemente descrevemos como característico da escola moderna: ela é a moral em ação, como o trabalho "ativo" é a inteligência em ato. Muito mais, a cooperação conduz a um conjunto de valores especiais tais como o da justiça baseada na igualdade e o da solidariedade "orgânica".

Certamente, salvo alguns casos extremos, os novos métodos de educação não tendem a eliminar a ação social do professor, mas a conciliar com o respeito do adulto a cooperação entre as crianças, e a reduzir, na medida do possível, a pressão deste último para transformá-la em cooperação superior.

www.forenseuniversitaria.com.br
bilacpinto@grupogen.com.br

Pré-impressão, impressão e acabamento

grafica@editorasantuario.com.br
www.editorasantuario.com.br
Aparecida-SP